아빠, 어떻게 하면
부자가 돼요?

돈과 세상 보는 눈이 열리는 초등 경제 탐험

아빠, 어떻게 하면 부자가 돼요?

정선용 지음

알에이치코리아

> 여는 말
> 부모님에게 드리는 글

돈 공부는 아이들의 미래에 필수입니다

'코이의 법칙'을 아시나요? '코이'라고도 불리는 비단잉어는 자라는 환경에 맞춰 그 크기가 결정됩니다. 어항에서는 5~8센티미터 크기로 자라고, 연못에서는 15~18센티미터 크기로 자라고, 강에서는 90~120센티미터 크기로 자라난다고 합니다.

아이들의 환경은 부모가 결정합니다. 코이의 법칙처럼 부모의 생각 넓이에 맞추어 아이들이 자라고, 부모가 아는 깊이만큼 아이들이 배웁니다. 우리 아이들은 부모의 생각, 심지어 부모의 습관에서 모든 것을 배워 갑니다. 그러므로 삶에서 빠트릴 수 없는 돈과 경제에 대한 부모의 생각도 강처럼 깊고 넓어야 합니다. 부모가 먼저 돈과 경제의 지식을 거대한 강물처럼 키워야 합니다.

저는 자녀들에게 돈과 경제를 제대로 가르치지 못했습니다. 이 책에는 아이들에게 일찍이 경제 지식을 전해 주지 못한 아버지의 반성하는 마음이 담겨 있습니다. 훗날 저희 아들이 부모가 되었을 때 부모에게서 받지 못한 경제 교육을 자녀에게 해야 할 것입니다. 그때 이 책을 교본으로 삼아 좋은 교육을 하길 바라는 마음으로 글을 썼습니다. 미래에도 마찬가지로 돈 공부는 생존을 위한 필수 요건입니다.

"돈? 나중에 크면 다 알게 돼 있어."

이런 말은 지금 아이들에게 해서는 안 될 무책임한 말입니다. 반드시 어릴 때부터 돈과 경제에 대해 제대로 배울 수 있도록 도와야 합니다. 잘못된 지식이나 습관이 한번 아이의 생각에 스며들면, 좀처럼 지워 낼 수 없기 때문입니다. 현대 사회는 경제 문맹으로 살아가기에 너무도 복잡합니다.

우리 아이들은 부모가 일상에서 보여 주는 모습을 통해 돈의 개념을 쌓아 갑니다. 예컨대 부모가 어떻게 돈을 버는지, 그 돈을 어떻게 쓰는지, 돈을 어떻게 모으는지 등 부모의 모습을 보고서 생각의 결을 만듭니다. 학용품을 현금으로 사는지, 신용카드로 사는지와 같이 사소한 일상조차 아이들의 머릿속에 선명한 사진처럼 인화됩니다. 그래서 부모가 하는 모든 경제 활동이 아이들의 중요한 경제 학습 재료가 됩니다.

그중에서도 중요한 점은 제품을 사고팔 때 쓰는 돈, 즉 눈에 보이는 현금의 사용보다 보이지 않는 돈의 사용 방식입니다. 예를 들면 물건의 가치를 결정하는 가격을 어떻게 산정하는지, 현금이 아닌 카드가 어떻게 돈의 역할을 하는지, 물건을 사고 난 후에 그 물건을 버리지 않고 지불한 돈의 가치만큼 끝까지 사용하는지 등 보이지 않는 돈과 연결된 경제 활동을 아이들이 알아야 합니다. 다시 말해, 돈이 하는 역할과 기능을 우리 아이들에게 깨우쳐 줄 필요가 있습니다.

이 책은 우리 아이들이 살아갈 미래 사회를 돈의 관점에서 보여 주려고 합니다. 때로는 좁고 깊게, 때로는 넓고 크게 다가갑니다. 마치 아이를 무릎 위에 앉혀 놓고 옛날이야기를 들려주듯이 글을 풀어내고 싶었습니다. 아이들은 경제의 관점으로 자신이 살아갈 세상을 보다 넓은 시선에서 이해하게 될 겁니다. 또한 인간의 욕구와 경제 구조의 연결점을 조금씩 이해하게 될 겁니다. 아마도 우리 아이들은 지금보다 더욱 빠르게 변화하는 사회를 살아갈 겁니다. 그 사회에서 지내려면 최소한의 경제관념이 필요합니다. 이 책이 그 디딤돌의 역할을 할 것입니다.

다만, 저는 한 가지를 강조하고 싶습니다. 경제 교육에서 다른 무엇보다도 중요한 존재는 부모님, 즉 여러분입니다. 반드시 부모님이 이 책을 먼저 읽고, 그다음에 아이와 함께 다시 읽어 보길 권합니다. 부모가 먼저 돈을 바라보는 눈을 번쩍 떠야, 부모의 눈에 비친 돈의 개념을 아이들이 읽을 수 있습니다. 모든 교육은 말보다 글로, 글보다 행동으로 실천해야 합니다. 가장 먼저 부모님의 돈과 경제 개념이 바로 서기를 기대합니다.

정선용

차례

여는 말 | 부모님에게 드리는 글 • 4
돈 공부는 아이들의 미래에 필수입니다

1장 돈은 뭘까요?

① 돈으로 무엇을 할까요? - 돈의 역할 • 13
② 돈은 어떻게 생겨났나요? - 돈의 탄생과 변화 • 19
③ 돈은 모으면 모을수록 커지나요? - 돈의 종류 • 27
④ 돈을 빌리면 왜 이자가 생길까요? - 돈의 값, 금리 • 32
⑤ 우리 가족도 경제에 도움이 된다고요? - 경제의 주체 • 37
⑥ 은행은 돈을 어떻게 벌어요? - 은행의 역할 • 41

2장 어떻게 하면 똑똑한 부자가 될까요?

① 돈을 버는 세 가지 방법이 있대요 - 돈 버는 소득 • 51
② 돈을 쓸 때도 원칙이 있다고요? - 돈 쓰는 지출 • 55
③ 저축을 꼭 해야 하는 이유는 뭘까요? - 돈 모으는 저축 • 62
④ 좋은 빚과 나쁜 빚이 있다고요? - 돈 빌리는 대출 • 67
⑤ 주식 투자는 정말 위험한가요? - 돈 불리는 투자 • 73

3장 경제를 왜 알아야 할까요?

① 경제는 왠지 어려워 보여요 – 경제의 의미 · 83
② 물가가 오르면 생활이 왜 힘들어져요? – 물가 · 89
③ 경기가 좋아졌는지 어떻게 알 수 있나요? – 경제 성장률 · 94
④ 경기가 안 좋을 때 거는 마법이 있대요 – 거시 경제 속 금리 · 99
⑤ 환율이 낮으면 무조건 좋은 게 아닌가요? – 환율 · 104
⑥ 월급은 얼마나 올라야 좋을까요? – 임금 인상률 · 109
⑦ 은행들의 은행, 중앙은행은 뭘 하나요? – 중앙은행의 일 · 113
⑧ 정부는 필요한 돈을 어떻게 구해요? – 정부의 역할 · 119

나가는 말 | 부모님에게 드리는 글 · 124
돈 공부는 부모가 함께해야 합니다

여러분은 '돈'을 아시나요?

"돈은 뭘까요?"
이 질문에 선뜻 대답이 떠오르지 않을 거예요. 당연해요. 어른들도 쉽게 대답하기 힘든 질문이니까요. 그래서 우리는 지금부터 돈을 공부할 거예요. 아기가 말을 자연스럽게 익히듯, 돈에 대해서도 자연스럽게 알아 두면 나중에 돈을 잘 사용할 수 있어요.

1장에서는 먼저 돈이 무엇이고, 어떻게 생겨났고, 현재는 어떤 모습인지 알아볼 거예요. 돈의 개념은 모호해요. 그래서 돈이 무엇인지부터 잘 기억해야 해요.

1장에서 돈의 개념을 잘 익히면, 다음 2장에서는 부자가 되는 습관을 살펴볼 거예요. 여러분이 1장의 내용을 제대로 이해하면, 2장의 부자가 되는 법을 더 쉽게 깨달을 수 있어요. 그럼, 함께 돈의 세계로 떠나 볼까요?

돈으로 무엇을 할까요?

돈의 역할

미리 보기

가장 먼저 '돈의 역할'을 알아볼 거예요. 돈은 우리 사회에서 무슨 역할을 하고 있을까요? 돈의 쓰임새를 자세히 들여다보면 알 수 있어요. 돈의 역할을 알아야 비로소 돈이 무엇인지 알 수 있어요.

우리는 경제를 공부하기 이전에 '돈'에 대해 알아야 해요. 돈은 우리 주변에서 어떻게 사용되고 있나요?

"책을 사는 데 사용해요!"

"피자를 살 때 돈을 내요!"

맞아요. 그런데 그것이 돈을 온전히 설명하지는 않아요. 우리는 돈을 잘 알고 있다고 생각하지만, 사실은 잘 모르고 있는 경우가 많아요.

첫 시간은 돈이 무엇인지 알아볼 거예요. 위에서 말한 것처럼, 돈은 물건을 살 때 쓸 수 있습니다. 이것이 가장 기본적인 돈의 역할입니다. 돈의 역할은 이외에도 더 있어요. 차근차근 살펴볼까요?

첫째, '교환과 지불 수단'의 역할

우리는 돈으로 책과 옷 등의 물건을 사고, 학원에서 강의를 듣는 서비스를 받을 수 있어요. 또 지하철을 타고 놀이공원에 가서 놀이기구를 타고 신나게 놀 수도 있어요. 이렇듯 돈을 내고 사는 행위를 **"돈과 물건(혹은 서비스)을 교환한다"** 라고 바꿔 말할 수 있어요. 그래서 돈은 **'교환 수단'** 의 역할을 해요.

또한 우리는 불우이웃돕기를 할 때도 돈을 낼 수 있어요. 다른 사람을 찾아가서 몸으로 직접 도울 수도 있지만, 돈으로도 도울 수 있는 거예요. 이것은 돈이 **'가치의 지불 수단'** 이라서 가능해요. **돈으로 물건의**

값뿐만 아니라, 다양한 가치를 지불할 수 있거든요. 여러분의 부모님은 어른으로서 나라에 세금을 내고 있는데요. 나라에서 걷는 세금을 지불하는 수단을 '돈'으로 정했기 때문입니다.

- 가치: 값, 값어치
- 지불: 돈을 내어 줌, 또는 값을 치름

둘째, '가치 척도'의 역할

우리는 돈을 기준으로 어떤 물건이나 서비스의 가치를 숫자로 표시할 수 있어요. 예를 들어 사이다 한 캔의 가격이 1,000원(천 원)이라고 가정해 볼까요? 이때는 사이다의 가격표에 '1,000원'이라고 표시하고, "이 사이다는 1,000원의 가치가 있다"고 말할 수 있어요. 마찬가지로 태

1장 돈은 뭘까요?

권도 학원의 수강료가 한 달에 10만 원이라면, 태권도를 배우는 서비스의 가치는 10만 원이 되는 거예요.

어떠한 기준이 되는 것을 우리는 '==척도=='라고 불러요. **물건이나 서비스의 가치를 정하는 척도가 바로 돈입니다.** 부모님이 받는 월급도 부모님이 회사에 제공한 노동의 가치를 돈으로 바꾼 거예요.

손흥민 선수가 축구 구단과 연봉 계약을 하는 모습이 텔레비전에 나왔어요. 연봉 협상을 하고 매우 큰 계약금을 받았다고 해요. 여기서 연봉 협상이란 손흥민 선수의 축구 실력이 얼마나 가치가 있는지 돈으로 바꾸어 계산하는 거예요. 이렇듯 돈은 물건과 서비스, 그리고 노동의 가치를 숫자로 정하는 '척도'의 역할을 합니다.

셋째, '가치 저장'의 역할

돈이 있다는 것은 물건과 서비스를 교환할 수단을 가지고 있다는 뜻입니다. 반면에, 돈이 없다는 것은 물건과 서비스를 교환할 수단이 없다는 의미예요.

우리가 좋아하는 것, 사고 싶은 것들을 보면서 '나한테 가치 있는 물건'이라고 하죠? 돈을 많이 가졌다는 것은 가치 있는 물건을 살 힘을 가지고 있다는 뜻이에요.

만약에 여러분이 100만 원짜리 최신형 스마트폰을 가지고 싶다고 해 볼까요? 그럼 여러분은 스마트폰을 사기 위해 100만 원을 모으면 됩니다. 이렇게 가치 있다고 생각하는 물건과 서비스를 사려면 돈을 모아야 해요. **즉, 돈은 가치 있는 것을 살 힘을 모아서 저장하는 수단입니다. 그래서 돈은 '가치 저장'의 역할을 합니다.**

혹시 부자를 '백만장자'라고 부르는 것을 들어 보았나요? 백만장자는 돈이 100만 달러만큼 많이 있다는 뜻이에요. 부자는 돈이 많아서 그만큼 물건과 서비스를 구매할 수 있는 힘을 많이 저장하고 있다는 의미입니다.

이렇듯 돈은 교환과 지불의 수단이고, 가치 척도의 수단이고, 가치 저장의 수단이에요. 돈이 이러한 역할을 해 주고 있기에 우리는 경제 활동을 편리하게 할 수 있어요.

돈은 경제 활동이 일어나는 모든 곳에서 쓰이고, 경제가 활발히 돌아갈 수 있도록 합니다. 마치 우리 몸의 혈액이 하고 있는 역할과 비슷해요. 그래서 경제학자들이 **'돈은 경제의 혈액'**이라고 불러요. 우리 몸

곳곳에 피가 잘 돌아야 건강하듯이 돈이 잘 돌아야 경제가 건강하게 유지됩니다.

여러분, 돈의 역할이 중요하다는 사실을 알겠죠? 그래서 돈의 역할을 잘 아는 것이 경제 공부의 시작이라고 할 수 있습니다. 다음 시간에는 돈이 어떻게 만들어졌는지 알아볼게요!

✓ **꼭 기억하세요!**

돈의 역할 세 가지는 다음과 같아요.
첫째, 교환과 지불의 수단 (예: 물건을 사고, 세금을 내요.)
둘째, 가치의 척도 (예: 사이다는 1,000원의 가치를 가져요.)
셋째, 가치 저장 (예: 돈을 많이 저축하면, 물건을 많이 살 수 있어요.)

돈은 어떻게 생겨났나요?

돈의 탄생과 변화

미리 보기

돈은 처음에 어떻게 생겨났을까요? 돈의 옛날 모습을 보면 돈이 왜 탄생했는지 짐작할 수 있어요. 또한 돈이 모습이 어떻게 변해 왔는지 이해하면, 돈의 미래 모습도 예측할 수 있답니다.

여러분에게 가장 익숙한 돈의 모습은 무엇인가요? 아마 1,000원(천 원) 혹은 10,000원(만 원)짜리 지폐의 모습일 거예요. 물론 동전도 있지요. 그런데 종이와 동전이 돈의 전부는 아니랍니다. 돈은 지금까지 다양한 모습으로 변해 왔어요. 지금까지의 돈이 어떻게 달라졌는지 살펴보면,

미래의 돈은 어떻게 변할지도 짐작할 수 있어요.

지금부터 돈의 역사를 살펴볼게요. 그전에 앞에서 공부했던 돈의 역할 중 한 가지를 확인합시다.

"돈은 가치를 저장한다."

앞서 이야기한 '가치 저장'의 역할을 기억하고 있죠? 이 역할을 알아야 돈의 진짜 모습을 알 수 있어요. 돈의 역할은 돈에 대해 잘 이해할 수 있게 해 주는 안경이라고 할 수 있지요. 가치를 저장할 수 있는 돈을 떠올리면서, 함께 돈의 탄생과 변화 과정을 알아볼게요. 돈의 모습이 왜 바뀌었는지 그 이유도 함께 생각해 봐요.

돈의 모습 1. 모든 물건(물물교환)

아주 옛날에는 돈이 따로 없고 물건 자체를 돈으로 썼어요. 무언가를 사고 싶으면 다른 물건과 바꿨지요. 그래서 이 시기를 물건과 물건을 바꾸는 **'물물교환의 시대'** 라고 불러요. 당시에는 물건이 바로 돈으로 사용되었어요. 모든 물건이 돈의 모습을 하고 있는 거예요.

돈의 모습 2. 소금과 같은 생활필수품

소금과 같은 생활필수품이 돈의 역할을 했던 시기도 있었어요. 소금 이외에도 쌀과 같은 곡식으로 다른 물건을 살 수 있었지요. 이 시기의 돈을 '초기 물건 화폐'라고 불러요. 화폐란 돈으로 쓰이는 특정한 물건을 말해요. 예를 들어 연필을 갖기 위해 아무 물건이나 교환할 수 있으면 그 물건을 화폐라고 부르지 않아요. 그러나 소금이라는 특정한 물건을 돈으로 정한다면 이때의 소금을 화폐라고 부를 수 있어요.

돈의 모습 3. 금과 은의 조각

소금과 곡식을 돈으로 사용하다 보니 몇 가지의 문제점이 있었어요. 첫째는 무거워서 옮기기 힘들었고, 둘째는 소금과 곡식은 쉽게 변질되어서 가치의 보존성이 떨어졌어요. 그래서 더 가볍고 변질되지 않는 것을 찾다가 금과 은을 떠올렸어요. 그렇게 금과 은을 돈으로 사용하기 시작했답니다.

- 보존성: 오랫동안 그 모습을 유지한 채 남아 있는 성질

돈의 모습 4. 금과 은으로 만든 동전

그런데 금과 은도 문제점이 나타나기 시작했어요. 금과 은을 만들 때 이 안에 혹시라도 다른 물질을 넣었는지 알 수가 없는 거예요. 그렇게 되면 어떤 사람은 불순물 섞인 금과 은으로 부당하게 이익을 취할 수 있어요. 나라 경제가 어지러워질 수 있죠. 그래서 동전을 일정한 모양으로 만들어서 국가가 책임지고 보증할 수 있게 만들자는 아이디어가 나왔어요.

고대 로마에서는 황제가 자신의 얼굴을 새긴 동그라미 모양의 동전을 만들었어요. 로마 황제인 율리우스 카이사르의 얼굴이 새겨진 옛날 동전이 있지요. 고대에는 금, 은, 다른 금속들로 동전을 만들었는데, 지

고대 로마 동전의 앞뒷면

금은 저렴하고 가벼운 구리로 동전을 만들어요.

돈의 모습 5. 금과 은의 가치를 담은 종이

인류는 역사적으로 오랫동안 금화와 은화(동전)를 사용했어요. 돈은 거의 2,000년 동안 동전의 모습이었죠. 그런데 18세기(1701년~1800년) 유럽에서 과학 기술의 발달로 산업 혁명이 일어나고, 이로 인해 물건의 생산이 많아지면서 상업과 무역의 경제 활동이 늘어났어요.

이때 동전을 수천 개씩 들고 다니면 무겁기도 하고, 일부는 잃어버릴 수도 있겠죠? **그래서 금화와 은화는 안전한 금고에 보관하고, 대신에 동전 보관 증서를 돈으로 사용하기 시작했어요.** 가벼운 종이만으로도 거래를 할 수 있게 된 거예요.

시간이 지나면서 보관 증서 자체를 돈으로 생각하게 되었어요. 그것이 조금씩 변화를 거쳐 오늘날의 지폐가 되었지요. 이렇게 종이돈인 지폐가 우리 사회에서 널리 쓰이게 되었습니다.

돈의 모습 6. 신용카드

지폐를 돈으로 사용하다가 누군가는 그 지폐마저 필요 없다고 생각했어요. 그래서 신용카드가 나왔어요. 신용카드는 돈을 갚을 수 있다는 '신용'을 돈처럼 사용하는 거예요. 돈을 들고 다니지 않아도 카드로 돈 대신에 물건을 살 수 있지요. 물론 신용카드는 사용한 만큼 미래에 돈을 내야 해요. 그래서 마구잡이로 쓰면 안 돼요.

돈의 모습 7. 디지털 화폐

아직은 아니지만 미래에는 디지털 화폐가 돈의 역할을 할 수도 있어요. 2008년에는 세계 금융 위기가 있었어요. 미국 정부가 돈을 많이 만들어서 다양한 문제가 생겨났던 세계적인 경제 위기였어요.

이때 어떤 사람은 '정부와 은행을 계속 믿을 수 있을까?'라는 의문을 가졌어요. 그래서 은행이 아닌 디지털 공간에서 새로운 기술을 통해 디지털 화폐를 만들기 시작했어요. 그렇게 탄생한 것이 바로 '비트코인'이에요.

실물 없이 온라인에서 거래할 수 있는 가상 자산

비트코인은 은행이 아니라 디지털 공간에서 만들고 쓰이는 돈이에요. 정식 화폐로 인정받지 못해서 지금은 우리나라에서 '가상 자산'이라고 불려요. 언젠가 미래에는 가상 자산이 진짜 돈의 역할을 할 수도 있지만, 아직은 아니에요.

이렇듯 돈의 모습은 다양한 형태로 바뀌었고 앞으로도 변할 거예요. 앞에서 돈은 가치를 저장하고 있다고 했죠? **돈은 가치를 저장하므로, 그 가치로 다른 물건을 살 수 있어요. 아니면 돈을 계속 모아서 가치를 불릴 수도 있고요. 돈의 모습은 그 과정을 편리하게 수행하기 위해 변해 온 거예요.**

돈의 모습이 왜 계속 바뀌었는지 이제 알겠죠?

✔ 꼭 기억하세요!

첫째, 돈의 모습은 돈의 역할을 잘 수행하기 위해 바뀌어요.

둘째, 돈은 물건, 생활필수품, 금과 은의 조각, 동전, 지폐, 신용카드 형태로 변해 왔어요. 아직 디지털 공간에서만 쓰이는 가상 자산도 있어요.

셋째, 돈의 모습은 지금도 변하고 있고 미래에도 그 변화가 이어질 거예요.

돈은 모으면 모을수록 커지나요?

돈의 종류

미리 보기

돈의 종류에는 무엇이 있을까요? 동전, 지폐, 수표로도 나눌 수 있지만, 돈의 종류는 실물 화폐의 모양만으로 나뉘지 않아요. 돈의 액수에 따라서도 종류를 나눌 수 있어요.

여러분, 돈에도 종류가 있어요. 돈의 종류는 돈의 액수로 나뉠 수 있어요. 첫째, 돈의 액수가 적은 푼돈이 있어요. 둘째, 돈의 액수가 꽤 많은 종잣돈이 있어요. 셋째, 돈의 액수가 엄청 많아서 유용하게 쓸 수 있는 목돈이 있어요.

돈은 액수에 따라서 역할이 달라요. 그 역할을 이해하는 것이 부자 되는 공부의 시작이에요. 사람들은 돈이면 다 같은 돈이라고 생각해요. 하지만 그렇지 않아요. 지금부터 푼돈, 종잣돈, 목돈의 역할을 알아볼까요?

첫째, 푼돈

푼돈은 말 그대로 몇 푼 안 되는 돈이에요. 여기서 '푼'은 지금의 '원'처럼 옛날 화폐 단위예요.

엽전 1개가 1푼이고, 10푼이 1전이며, 10전이 1냥이에요. 따라서 푼은 가장 작은 단위를 말해요. 즉 푼돈이란 아주 적은 돈을 뜻해요.

엽전 1개 = 1푼

10푼 = 1전

10전 = 1냥

사실 이런 푼돈이 매우 중요해요. 왜냐하면 푼돈이 모여서 종잣돈이 되거든요. 어른들이 흔히 "돈을 아껴 써야 해"라고 말할 때는 이 푼돈을 아끼라는 의미예요. 아낀 푼돈을 모으는 것이 바로 저축이죠.

우리는 푼돈 관리를 하면서 용돈 관리의 좋은 습관을 익혀야 해요.

아무리 적은 푼돈이라도 소중히 여겨야 해요. 이렇게 아낀 푼돈을 조금씩 꾸준하게 쌓아 가는 저축을 해야 해요. 100원이라는 푼돈이 모여서 100만 원이라는 종잣돈이 되거든요.

둘째, 종잣돈

종잣돈은 버는 돈의 일부를 떼어 일정 기간 모은 돈이에요. 더 나은 투자를 위한 바탕이 되지요. '종자'는 식물에서 나온 씨앗을 뜻하는데, **종잣돈이라는 말도 씨앗을 큰 나무로 키우듯 큰돈으로 잘 키울 수 있는 돈을 의미해요**. 농부는 작물을 재배할 때 종자 관리가 가장 중요하다는 사실을 알고 있어요. 마찬가지로 부자들은 큰돈을 벌기 위해서 종잣돈이 무엇보다 중요하다는 것을 잘 알고 있지요.

종잣돈은 마중물 역할을 해요. 마중물은 물을 끌어 올리는 펌프에 먼저 붓는 물을 뜻해요.

옛날 집에서는 물을 쓰기 위해 마당에 있는 수도 옆의 펌프를 몇 번이나 밀고 당겨야 했는데, 그전에 펌프 위에 마중물을 조금 부어야 새로운 물이 잘 올라왔어요. 마찬가지로 돈을 많이 벌려면, 마중물 역할을 하는 종잣돈을 넣고 펌프질을 해야 해요. 그래야만 목돈을 만들 수 있거든요.

물을 끌어 올리는 펌프

셋째, 목돈

목돈은 종잣돈보다 액수가 많은 돈이에요. 지구가 물건을 끌어당기는 힘을 중력이라고 하죠? 마치 중력처럼 목돈은 다른 돈을 끌어오는 힘이 있어요.

눈사람을 만들던 때를 떠올려 보세요. 큰 눈덩이를 굴리면 작은 눈가루가 한 번에 많이 달라붙죠? 눈덩이가 클수록 눈이 많이 붙어 눈덩이가 점점 커져요. 이것을 '눈덩이 효과'라고도 해요.

그래서 부자들은 돈을 많이 벌고 싶다면, 더 큰돈을 끌어올 목돈을 마련하라고 강조하는 거예요.

또한 목돈은 위험을 막아 주는 보호막 역할을 해요. 갑자기 경제적으로 힘들어지거나 투자에 실패했을 때 준비해 둔 목돈이 있으면 방어할 수 있거든요. 큰 눈덩이가 작은 눈덩이보다 많은 눈을 끌어들이고, 동시에 잘 부서지지 않는 것과 같아요.

이렇듯 돈의 종류에는 크기에 따라 푼돈, 종잣돈, 목돈 세 가지가 있어요. 우리 함께 용돈을 저축하면서 적은 돈을 큰돈으로 직접 만들어 보고, 푼돈, 종잣돈, 목돈의 의미를 느껴 봐요.

✔ **꼭 기억하세요!**

첫째, 푼돈을 차곡차곡 모아 봐요.
둘째, 푼돈이 쌓여서 종잣돈이 되는 경험을 해 봐요.
셋째, 종잣돈을 모아 목돈을 만드는 것이 가장 재미있는 돈 공부예요.

돈을 빌리면
왜 이자가 생길까요?
돈의 값, 금리

미리 보기

돈에는 '이자' 혹은 '이익'으로 불리는 돈의 값이 있어요. 돈의 값인 이자는 어떻게 만들어지는지, 그리고 왜 그것이 중요한지 알아봐요.

'금리'라는 단어를 들어 봤나요? 뉴스에서 많이 들리는 단어예요. 그만큼 중요한 단어이지만, 그 뜻을 정확히 아는 사람은 많지 않을 거예요. 다음 문장을 함께 읽어 볼게요.

"금리는 빌려준 돈이나 예금 따위에 붙는 이자 또는 그 비율을 말한다. 그래서 이자 비용은 돈을 빌리는 값이고, 이자 이익은 돈을 빌려주는 값이다."

이게 대체 무슨 말일까요? 어렵게 느껴지지만, 하나하나 살펴보면 어렵지 않아요.

금리를 한자로 풀어서 말하면, 첫 글자 금(金)은 돈을 뜻하는 한자 '금'자에, 이(利)자는 이로울 '리'자를 써요. 돈과 이로움(이익)이 합해진 글자죠. 다시 말하면 돈의 값이라고 말할 수 있어요.

금: 金(쇠 금) → 돈

리: 利(이로울 리) → 이익

= 돈의 값

은행에서 돈을 빌릴 때는 금리가 적용돼요. 그래서 돈을 빌리고 나서 나중에 갚을 때 금리, 즉 돈의 값에 맞는 돈을 더 내야 해요. 흔히 이자라고 부르죠. 우리는 돈을 빌릴 수도 있고, 다른 사람에게 빌려줄 수도 있어요. 그때마다 그 돈의 대가(이자)를 지불하거나 받을 수 있어요.

돈을 빌리면 이자 비용을 내기 때문에 돈이 나가고요. 돈을 빌려주면 이자 이익을 받아서 돈을 벌 수 있어요. 다시 말하면, 빌린 돈을 갚을 때 반드시 이자가 발생해요. 돈을 빌린다면 그 대가가 따른다는 걸 명심해야 해요. 이제 금리, 이자 비용, 이자 이익이 무엇인지 알겠죠?

- 이자 비용: 이자로 내는 돈의 액수
- 이자 이익: 이자로 얻는 돈의 액수

금리를 표시하는 방법

아래의 문장을 함께 읽어 볼까요?

"한국은행은 연 0.75%에서 0.25% 오른 연 1%로 기준 금리를 확정했다."

조금 복잡해 보이지만, 뉴스에 자주 등장하는 말이에요. 금리가 오르면 이자 비용, 이자 이익이 모두 오르거든요. 금리는 위의 문장에서 보듯 '연 2%, 연 3%, 연 4%'와 같이 %(퍼센트)로 표시해요. 보통 금리 앞에 '연'이라는 말을 붙이는 이유가 있어요. 예전엔 모든 돈을 1년 단위로 빌려 가는 전통이 있었거든요. 지금까지도 돈을 빌리는 기준을 1년으로 정하고 있어요. 그래서 **이자 비용은 1년 동안 돈을 사용하는 대가**라고 이해하면 돼요.

금리의 종류

금융에서 사용되는 금리의 종류에는 기준 금리, 대출 금리, 예금 금리가 있어요.

기준 금리는 나라에서 운영하는 은행이 매달 정하는 금리의 기준이에요. 다른 금리들은 이 기준 금리를 바탕으로 정해져요. 즉, 기준 금리는 금리의 기준을 정해 주는 금리라는 의미예요. 우리나라에서는 한국은행이 정하고, 미국에서는 연방준비제도(FED)가 정하고 있어요.

대출 금리는 일반 은행들이 가정과 기업에 돈을 빌려주고 받는 이자 비율이에요. 그리고 **예금 금리**는 가정과 기업이 은행에 돈을 맡기고 받는 이지 비율이지요.

지금까지 금리에 대해 알아보았는데, 이해되었나요? 금리는 나중에 3장에서도 다시 만날 거예요. 그만큼 금리는 아주 중요한 경제 지표랍니다.

✓ 꼭 기억하세요!

첫째, 금리는 돈의 값이에요.

둘째, 금리는 1년 단위의 비율로 표시하고 있어요(예시: 연 4%).

셋째, 금리의 종류에는 기준 금리, 예금 금리, 대출 금리가 있어요.

우리 가족도 경제에 도움이 된다고요?

경제의 주체

미리 보기

이번에는 우리 가족, 기업, 정부가 돈으로 무엇을 하는지 살펴볼 거예요. 가족, 기업, 정부가 모여 하나의 커다란 경제를 이루는데요. 서로 다른 일을 하지만 영향을 주면서 나라의 경제를 성장시키고 있어요.

'경제 주체'란 무엇일까요? 경제 주체는 **경제 활동을 하는 개인 혹은 집단**을 의미해요. 경제 활동의 주체로는 가계, 기업, 그리고 정부가 있어요. 이 셋은 돈을 가지고 활동하며 서로 영향을 주고 있지요. 그럼 각 경제 주체에 대해서 자세히 알아볼까요?

가계

가계는 한마디로 우리 집이에요. 돈을 벌어서 우리 식구의 생활에 필요한 상품과 서비스를 돈으로 지불하는 경제 주체이지요. 평소 집에서 돈이 들어오고 나가는 모습을 생각하면 됩니다.

가계는 경제의 최소 단위라고 할 수 있어요. 하나의 가족을 하나의 가계로 생각한다면, 경제 주체 중에서 가계의 수가 가장 많아요.

가계는 바깥에서 돈을 벌어 오기도 하지만, 돈을 쓰는 '소비'와 관련이 깊어요. 물가가 오르면 가정의 살림살이에 제일 타격을 많이 받거든요. 물가가 많이 오르면 마트에 가서 "10,000원으로 살 수 있는 게 별로 없어"라는 소리가 저절로 나와요.

기업

기업은 우리가 이용하는 재화와 서비스를 생산하는 경제 주체를 말해요. 과자를 만드는 회사, 신발을 만드는 회사는 모두 기업이에요.

기업은 물건을 생산해서 보다 많은 이익을 얻으려고 해요. 그래서 연구를 통해 물건을 제조할 때의 효율을 높이기도 하고, 고객이 좋아하는 제품을 만들려고 노력해요.

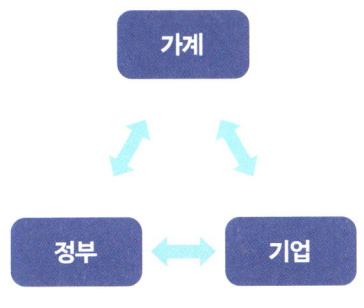

서로 영향을 주는 경제 주체

그런 노력이 모여 나라의 경제 발전을 이루어요. 미국의 애플사는 아이폰을 개발해서 미국 경제의 큰 부분을 담당하고 있어요. **이렇듯 기업은 상품을 만드는 '생산'과 관련되어 있어요.**

정부

정부는 기업과 가계로부터 세금을 걷거나 채권을 팔아서 나라 운영에 필요한 자금을 얻고, 그 돈으로 기본 인프라를 만드는 역할을 해요. 자동차가 다니는 도로나 사용한 물을 처리하는 상하수도 시설 같은 공공재를 공급하고 있지요.

- 채권: 나라 및 기업에서 사업에 필요한 돈을 빌리기 위하여 발행하는 증권
- 인프라: 생산이나 생활의 기반을 형성하는 중요한 시설들
- 공공재: 공동으로 사용하는 물건이나 시설

그래서 정부는 '재정의 주체'라고 해요. 재정은 국가의 경제 활동이에요. 재정 정책으로 정부는 국민의 생활을 이롭게 하고, 국민의 삶을 풍요롭게 하는 경제 활동을 하는 것이죠.

위에서 살펴본 세 가지 경제 주체는 '돈'을 통해 긴밀하게 이어져 있어요. **즉, 우리가 돈에 대해 알면 나라의 구조까지 이해할 수 있게 되는 거예요.**

한 가지 더! 경제 주체에는 가계, 기업, 정부뿐만 아니라 '해외 국가'가 있어요. 해외 국가는 나라 간 무역의 경제 주체이므로 우리나라처럼 수입, 수출이 많은 국가에서 주의 깊게 봐야 해요.

✓ **꼭 기억하세요!**

각 경제 주체의 역할은 다음과 같아요.
- 가계: 주로 소비를 담당하고, 기업의 직원으로 생산에 참여해요.
- 기업: 좋은 제품을 소비자에게 제공해서 정당하게 이익을 추구해야 해요.
- 정부: 다른 경제 주체들이 서로 믿고 신뢰할 수 있는 법과 제도 장치를 확립해요.

은행은 돈을 어떻게 벌어요?
은행의 역할

미리 보기

은행은 무슨 일을 할까요? 은행은 종류도 다양하고 하는 일도 다양해요. 이번에 은행에 대해 알고 나면, 당장 은행에 통장을 만들러 가고 싶을지도 몰라요.

우리는 흔히 은행이 저축하는 곳이라고 알고 있어요. 물론 은행에서 저축도 하지만, 사실 은행은 돈을 빌려주고 그 이자로 이익을 내는 일을 주로 하고 있어요. 돈 공부를 할 때는 은행이 돈을 빌려주는 금융 기관이라는 사실을 기억해야 해요.

은행은 크게 중앙은행과 일반 은행, 그리고 특수 은행으로 나눌 수 있어요.

중앙은행

중앙은행은 '은행들의 은행'이에요. 무슨 말이냐고요? 다른 은행 중에서도 반장 역할을 하는 은행이라는 뜻이에요. 중앙은행은 나라마다 하나씩 있는데, 우리나라의 중앙은행 이름은 바로 '한국은행'입니다.

한국은행은 돈을 발행할 뿐 아니라 통화량 조절을 하기도 해요. 통화량 조절이란 시중에 돈이 너무 많으면 돈을 거둬들이고, 부족하면 돈을 내보내는 등 나라에서 쓰이는 돈의 양을 조절하는 것을 말해요.

중앙은행

일반 은행도 한국은행에서 대출을 받기도 해요. 앞에서 말했듯 한국은행을 '은행들의 은행'이라고 부르는 이유예요. 또 한국은행은 정부가 필요한 돈을 빌려주기도 하고, 나라를 대표해서 외국과의 거래에 필요한 돈을 관리하기도 하므로 '정부의 은행'이라고도 한답니다.

일반 은행

일반 은행은 우리 주변에서 흔히 보는 은행입니다. 돈을 넣거나 찾을 때 또는 누군가에게 보낼 때 아무나 쉽게 이용하는 은행이 일반 은행이에요. 일반 은행은 사람이나 회사를 대신해서 돈을 보내고, 받고, 세금을 수납하는 역할도 하고 있어요. 아무래도 우리와 가장 많은 관계를 맺고 있는 은행입니다.

특수 은행

특수 은행은 특수한 목적을 위해 만들어진 은행이에요. 예를 들면 중소기업을 지원하기 위한 중소기업 은행, 농민과 어민을 지원하는 농업 협동 조합과 수산업 협동 조합, 우리나라의 주요 산업에 돈을 대는 산업 은행이 있어요.

은행이 하는 일

은행이 하는 일은 다양한데, 크게 두 가지로 나뉘어요. 돈을 맡기는 예금과 돈을 빌려주는 대출이죠. 두 가지 이외에도 세금 수납과 외환 업무도 하고 있어요. 외환 업무는 외국의 돈을 우리나라 돈으로 바꾸는 일로, 해외여행과 무역에 필요한 다른 나라의 돈을 대신 바꿔 주는 업무입니다. 그 밖에 신용 관련 업무 등 다양한 일을 하고 있어요.

예금과 적금

은행의 일 중에서 우리와 관계가 깊은 예금 업무를 좀 더 자세히 설명할게요. 은행 예금에는 보통 예금, 정기 예금, 정기 적금이 있어요.

보통 예금은 언제든지 돈을 맡길 수 있고, 또 돈이 필요하면 언제든지 찾을 수 있어요. 하지만 돈을 맡길 때 은행에서 주는 이자가 적어요.

정기 예금은 목돈을 은행에 한꺼번에 맡기고 일정한 기간이 지난 뒤에 찾을 수 있어요. 정해진 기간이 지나면 약속된 이자를 모두 받을 수 있어요. 정기 예금을 하는 동안 은행은 고객의 돈을 안정적으로 확보할 수 있지요. 그래서 보통 예금보다는 이자가 높아요.

==정기 적금==은 달마다 일정한 금액을 은행에 맡기고 정해진 기간이 지난 뒤 약속된 이자를 받는 예금입니다. 적은 돈이라도 차곡차곡 모으면 목돈이 되는 예금이지요. 여러분이 용돈을 아껴서 매달 저축하는 데 가장 좋은 예금이 바로 정기 적금입니다. 적은 금액이라도 조금씩 정기 적금을 해 보세요. 돈을 모으는 즐거움을 제대로 느낄 수 있어요.

앞의 내용을 잠깐 요약하고 넘어갈게요.
- 보통 예금: 언제든지 돈을 넣고 뺄 수 있어요.
- 정기 예금: 돈을 한꺼번에 맡기고 이후에 돌려받아요. 이자가 보통 예금보다 높아요.
- 정기 적금: 매달 일정 금액을 넣고 한꺼번에 돌려받아요. 이자가 보통 예금보다 높고, 저축하는 습관이 생겨서 돈을 모으는 데 좋==은== 방법이에요.

==은행에 예금을 하면 좋은 점이 있어요. 바로 원금 손실이 없다는 것이에요.== 원금이란, 본인이 저축하거나 투자한 돈을 말해요. 펀드나 주식에 투자하면 원금에 손해를 볼 수 있어요. 그러나 예금은 이자를 적게 받아도 본인이 낸 돈은 다 돌려받을 수 있답니다. 이것을 원금 손실이 없다고 말해요.

안정적으로 돈을 모으기 위해서는 예금이 좋아요. 비록 오랜 기간을 모아야 하지만, 원금 손실이 없다는 점에서 가장 안전한 돈 모으기 방법입니다.

시간이 날 때 부모님과 함께 은행에 가서 여러분의 이름으로 된 통장을 만들고 직접 예금을 시작해 보세요.

✓ **꼭 기억하세요!**

첫째, 은행이 하는 일은 주로 예금과 대출입니다.
둘째, 예금의 종류에는 보통 예금, 정기 예금, 정기 적금이 있어요.
셋째, 예금은 원금 손실이 없는 가장 안전한 돈 모으기 방법이에요.

올바른 부자 습관을 가지고 있나요?

우리가 돈을 모으려면 경제 활동을 해야 합니다. 개인의 경제 활동은 다섯 단계로 되어 있어요. 이 과정을 통해 부자가 될 수 있어요.

첫째, 돈을 버는 소득 단계.
둘째, 돈을 쓰는 지출 단계.
셋째, 돈을 쌓아 가는 저축 단계.
넷째, 돈을 빌리는 대출 단계.
다섯째, 돈을 불리는 투자 단계.

1장에서 배운 돈의 기본 개념을 통해, 2장에서는 위의 다섯 단계를 하나씩 살펴볼 거예요. 미래의 똑똑한 부자를 만드는 다섯 가지를 알아봐요.

돈을 버는 세 가지 방법이 있대요

돈 버는 소득

미리 보기

어른들은 돈을 어떻게 벌까요? 우선 일을 해서 받는 월급이 있겠죠. 하지만 일해서 버는 돈이 전부는 아니에요. 지금부터 돈을 벌어들이는 다양한 방법을 알아볼게요.

우리는 **벌어들인 돈을 '소득'이라고 불러요.** 당연한 말이지만 소득이 많아야 부자가 될 수 있어요. 소득이 많으려면 우선 월급이 높은 직업을 갖는 방법이 있어요. 그런데 그런 직업은 모든 사람이 가질 수 없어요. 월급을 높게 받는 직업은 한정되어 있거든요.

소득을 얻는 방법에는 월급 말고도 다른 것들이 있어요. 소득의 종류에 세 가지가 있거든요. 바로 근로 소득, 사업 소득, 자본 소득이에요. 말이 너무 어렵죠? 하나씩 차근차근 알아볼게요.

첫째, 근로 소득

근로 소득은 우리 주변에서 가장 흔한 소득입니다. 직장인이 회사에 가서 몸과 마음으로 일해서 벌어오는 돈을 말해요. 경제 용어로 표현하자면, '가계의 구성원이 정신적, 육체적 노동력을 제공하고 그 대가로서 얻는 소득'이에요.

우리나라 인구의 절반이 근로 소득으로 돈을 벌고 있어요. 여러분도 어른이 되면 많은 친구가 회사에 들어가 월급을 받게 될 거예요. 그 월급이 바로 근로 소득입니다. 참고로, 직장에서 돈을 버는 사람들을 근로자라고 불러요.

둘째, 사업 소득

사업 소득은 사업으로 얻는 돈입니다. 즉, '**사업체를 운영해서 돈을 버는 소득**'을 말해요. 이해를 돕기 위해서 예를 들어 볼게요. 여러분이 잘 아는 가수 방탄소년단은 가수 활동을 통해 근로 소득을 얻어요. 반면에 방탄소년단이 소속되어 있는 회사는 사업 소득을 얻습니다. '빅히트 뮤직'은 방탄소년단 같은 아이돌 그룹을 기획하는 회사로서 사업 소득을 벌고 있어요. 흔히 사업을 하는 사람들을 사업가라고 부릅니다.

셋째, 자본 소득

자본 소득은 자신의 재산을 이용해서 돈을 버는 소득입니다. '**가지고 있는 돈, 땅과 집, 건물 등의 재화를 제공하고 그 대가로 받은 소득**'을 말해요. 이렇게 재산을 많이 쌓은 사람을 우리는 자본가라고 부릅니다.

우리나라 가계 소득은 대략 근로 소득이 66퍼센트, 사업 소득이 19퍼센트, 자본 소득이 15퍼센트로 나뉘어 있어요.

여러분은 근로 소득으로 돈을 벌지, 사업 소득으로 돈을 벌지, 자본 소득으로 돈을 벌지 선택할 수 있어요. 때에 따라서는 여러 소득을 함께 얻을 수도 있지요.

이제 돈을 벌어들이는 다양한 방법을 알겠죠?

> ✔ **꼭 기억하세요!**
>
> 소득에는 근로 소득, 사업 소득, 자본 소득이 있어요.
> 첫째, 근로 소득은 근로를 제공하고 버는 소득입니다.
> 둘째, 사업 소득은 사업을 통해서 버는 소득입니다.
> 셋째, 자본 소득은 자본을 통해 돈을 버는 소득입니다.

돈을 쓸 때도 원칙이 있다고요?

돈 쓰는 지출

미리 보기

이번 이야기는 정말 중요합니다. 아무리 돈을 많이 벌었다고 해도 이 원칙을 지키지 않으면 오랫동안 부자로 남을 수 없거든요. 그래서 우리는 그냥 부자가 아닌, 똑똑한 부자가 되어야 해요. 여러분을 똑똑한 부자로 만들어 줄 이 원칙은 뭘까요?

진수는 학교 끝나고 집에 가는 길에 떡볶이가 먹고 싶었어요. 그래서 분식집에 들러 떡볶이 1인분을 먹고 돈을 냈어요. 이렇듯 돈을 쓰는 것을 '지출'이라고 해요. **우리의 욕구를 채우기 위해서 상품과 서비스를**

돈 주고 사는 거예요.

　돈이 나가는 지출에는 세 가지 종류가 있어요. 첫째는 **투자 지출**, 둘째는 **필요 지출**, 셋째는 **욕망 지출**이에요. 사실 지출의 종류와 상관없이 내 주머니에서 돈이 나가는 것은 다 지출이라고 생각하면 돼요.

　그런데 먼저 한 가지 설명할 내용이 있어요. 만약 엄마가 집에 있는 돈을 은행에 예금하면, 돈이 나갔으니 지출이라고 할 수 있나요? 만약 아빠가 집에 있는 돈을 주식에 투자했다면, 돈이 나갔으니 지출이라고 할 수 있나요?

　이 두 경우에는 돈이 주머니에서 나갔다고 하지 않죠. 비록 돈이 우리 집에서 빠져나가서 은행과 증권사에 있지만 그래도 우리 부모님의 돈입니다. 이 돈은 지출로 쓰인 것이 아닙니다. 돈을 보관하는 곳은 다르지만 여전히 우리 가족의 재산이에요. **즉, 저축과 투자는 돈을 소비하는 지출과 다릅니다.**

　그럼 다시 돌아와서, 지출의 종류에는 무엇이 있는지 살펴볼까요?

첫째, 투자 지출
미래의 가치에 기대를 걸고 돈을 쓰는 일이 투자 지출입니다. 예를 들면, 부모님은 여러분이 학원에 다닐 수 있도록 학원비를 내기도 해요. 그 학원비는 투자 지출입니다. 여러분이 나중에 좋은 학교에 가거나 원하는 일을 할 수 있도록 교육비를 쓰는 거예요. 미래를 위해 돈을 지출하는 것이 투자 지출이에요.

여기서 잠깐, 투자와 투자 지출에 무슨 차이가 있는지 헷갈리나요? 한 가지만 기억하세요. **투자는 땅, 집, 주식, 금과 같은 자산에 돈을 쓰는 것을 말하고, 투자 지출은 교육비처럼 미래의 가치를 위해 돈을 쓰는 것을 말합니다.**

보통 가정에서 하는 투자 지출은 교육비 이외에 보기 힘들지만, 회사에서는 투자 지출을 많이 해요. 예를 들면, 해외 시장 개척을 위한 해외 출장이나 기술 개발을 위해 연구소를 세우는 일 등이 있습니다.

물론 투자 지출을 많이 하는 집도 있어요. 훌륭한 학교가 많거나 주변 환경이 좋은 동네로 이사 가는 것도 일종의 투자 지출이라고 볼 수 있어요. 이렇듯 투자 지출은 당장 결과가 보이지 않지만 미래의 가치를 만드는 데 돈을 쓰는 일입니다.

둘째, 필요 지출

필요 지출은 우리 가족이 살아가는 데 꼭 필요한 곳에 돈을 쓰는 것을 말해요. 다른 말로 **기본 욕구를 충족하는 데 쓰이는 돈**이지요. 평소 반드시 해야만 하는 지출을 예로 들 수 있는데요. 대표적으로 식사를 위한 식료품비, 생활을 위한 생필품 비용(휴지, 샴푸, 세제), 집에 쓰이는 주거비(전기세, 난방비, 전·월세) 등이 있어요.

이때는 어쩔 수 없이 돈을 써야 하지만, 그래도 지출할 때마다 그 쓰임새를 꼼꼼히 따져야 해요. 물건을 아끼고 끝까지 사용하는 거예요. 예를 들면, 연필도 몇 번 쓰고 버리면 연필의 효용성을 다 사용하지 못한 겁니다. **물건의 효용성을 아는 것이 바로 현명한 경제인이 되는 길의 시작이에요.** 경제적으로 지출하고, 물건을 쓰는 법을 익히는 것이 중요해요.

- 효용성: 보람 있게 쓰거나 쓰이는 성질

여러분에게 필요한 물건이 있다면 직접 현금을 들고 가서 사 보세요. 부모님의 카드로 사는 것보다 현금을 직접 받아서 사는 것이 중요해요. 현금으로 필요한 물건을 사는 경험이 쌓일수록 물건들의 값이 어느 정도인지 알 수 있고 경제 감각을 익힐 수 있어요. 그리고 물건의 가치를 알기 때문에 끝까지 소중하게 사용할 수 있어요.

경제 감각은 생각보다 쉽게 가질 수 있어요. 아직 여러분은 일을 해서 소득을 얻을 수 없으니 부모님께 용돈을 받아서 필요 지출을 똑똑하게 해 봐요.

혹시 아직 정기적으로 용돈을 받고 있지 않나요? 그럼 당장 부모님께 말씀드리는 거예요. 한 달에 필요한 용돈을 정해서 받고 그 용돈을 아껴서 쓰는 연습이 중요해요.

셋째, 욕망 지출

욕망 지출이란 꼭 필요해서가 아니라 누군가에게 과시하고 싶어서

돈을 쓰는 것을 말합니다.

　꼭 필요하지 않은데 사고 싶은 마음에 이끌려서, 아니면 친구들에게 자랑하기 위해서 물건을 사는 경우가 있죠. 아주 비싼 스마트폰이 우리에게 꼭 필요한지 한번 생각해 봐요. 단순히 다른 친구와 비교되기 싫어서 비싼 물건을 사고 싶어 하는 친구도 있지요.

　이렇게 돈을 쓰는 것은 합리적인 지출이 아닙니다. 사고 싶은 유혹을 물리치고 똑똑한 지출을 하는 습관이 필요해요.

　부모님이 벌어들이는 돈에는 한계가 있어요. 그러니 사고 싶은 물건을 마음껏 살 수는 없어요. 설령 돈이 많다고 해도 마구 사용해서는 안 됩니다. 소득의 일부는 지출하고 일부는 저축할 수 있도록 합리적인 지출을 해야 합니다. **합리적인 지출을 하려면, 물건을 사기 전에 꼭 계획을 세워야 해요.**

　물건을 사는 일도 일종의 계약이라고 할 수 있어요. 중요한 경제 활동에 참여하고 있다는 뜻이지요. 여러분은 이 경험을 직접 해 보면서 경제 활동에 참여하게 되는 겁니다.

　물건을 산 후에는 그 상품의 수명이 다하도록 끝까지 사용하는 것 역시 경제 활동입니다. 이렇게 돈을 지출하고 나서 물건을 쓰는 과정을 직접 경험해야, 욕망 지출에서 벗어나 경제 감각을 익힐 수 있어요.

지금까지 지출의 종류에는 무엇이 있는지 배웠어요. 지출은 한마디로 돈이 집에서 나가는 것을 말해요. 집에서 나가는 돈을 잘 관리해야 부자가 될 수 있어요.

오랫동안 부자로 남는 사람들은 돈 버는 일 이전에 돈 쓰는 일을 더 철저하게 배운다고 해요. 똑똑한 부자가 되려면 현명한 지출을 해야 한다는 것, 잊지 마세요!

✓ **꼭 기억하세요!**

첫째, 투자 지출은 미래의 가치에 돈을 쓰는 것입니다.
둘째, 필요 지출은 꼭 필요한 곳에 돈을 쓰는 것입니다.
셋째, 욕망 지출은 과시하거나 사고 싶다는 욕망에 이끌려서 돈을 쓰는 것입니다.

저축을 꼭 해야 하는 이유는 뭘까요?

돈 모으는 저축

미리 보기

"절약해라." "저축해라." 어른들은 왜 이런 말을 하는 걸까요? 갖고 싶은 것도 많고, 먹고 싶은 것도 많은데 말이에요. 하지만 돈을 모아야 하는 이유는 분명해요. 스스로 노력해서 부자가 된 사람 중에 돈을 저축하지 않은 사람은 없거든요!

저금통에 동전을 모았던 적이 있나요? 저금통이 동전으로 꽉 차면 그동안 모은 돈을 세어 보는 재미가 있지요. 이처럼 저축은 돈을 모아서 쌓아 가는 일을 말해요. 앞에서 푼돈이 모여 종잣돈이 된다고 배웠죠?

종잣돈을 모으는 방법이 바로 '저축'이에요. 종잣돈을 모아야 돈을 활용하고 투자할 수 있는 경제적 토대를 만들 수 있어요. 투자를 하기 전에는 저축이 필수예요.

저축을 잘하는 방법

간단해요. 저축이 먼저고, 지출을 그다음에 하는 거예요. 다 쓰고 남은 돈을 저축하는 것이 아니라, 저축하고 남은 돈을 쓰는 방식이죠. 그러면 자연스레 사고 싶은 물건을 다 못 사고 돈을 아낄 수밖에 없지요. 그래도 저축을 해야 해요. 왜 이렇게까지 저축이 중요한 걸까요?

저축이 중요한 이유

첫째, 종잣돈을 효과적으로 만드는 데 필요해요. 여러분, 앞에서 이야기했던 '눈덩이 효과' 기억하나요? 눈사람을 만들 때 처음엔 눈이 잘 안 뭉쳐지다가 점점 눈덩이가 커지죠. 눈덩이가 클수록 작은 눈이 더 많이 달라붙어 더욱 빠르게 눈덩이가 커져요. 다시 말해 큰 눈덩이를 굴리면, 더 많은 눈을 모을 수 있다는 거예요.

눈덩이처럼 돈도 많을수록 더 많은 돈을 끌어와요. 통장에 넣어 두기만 해도 붙는 이자가 커지기 때문이에요. 그래서 저축을 통해 종잣돈

"저축을 통해 적은 돈을 종잣돈으로 불려요."

을 만드는 거예요. 그 종잣돈이 있을 때 비로소 투자도 효율적으로 할 수 있어요.

둘째, 갖고 있던 원래의 돈, 즉 원금에 손실이 생기지 않아 안전해요. 만약 돈을 저축으로 모으지 않고, 적은 돈으로 투자부터 하겠다고 상상해 봐요.

투자를 잘못하면 원금을 잃어버릴 수 있어요. 적은 돈으로 한곳에 투자했다가 돈을 다 잃는 경우도 생겨요. 투자는 어느 정도 큰돈을 모앗을 때 이곳저곳에 나눠서 해야 효과가 있어요. 그래서 투자하기 전에 종잣돈을 모으기 위한 가장 현명한 방법은 저축이에요.

셋째, 적금을 통해서 적립식으로 돈을 모을 수 있어요. 저축은 매달 적립식으로 정기 적금에 가입하는 것이 좋아요. 여러분도 정기 적금 통장을 만들어 보세요. 정기 적금은 돈을 모을 수 있어 '강제 저축'의 효과가 있거든요. 강제로 저축을 해야만, 원하는 기간에 종잣돈을 모을 수 있어요.

- 적립식: 꾸준히 모으는 방식

용돈을 아껴서 매달 그 일부를 정기 적금으로 넣어 보세요. 종잣돈을 만들어 보겠다는 계획을 세우고 저축을 시작해요. 이런 경험이 여러분의 경제 감각을 키워 줄 거예요.

정기 적금을 하는 방법

먼저 정기 적금 통장을 개설해야 해요. 적금 통장을 만들어서 평소 사용하는 돈과 분리해 놓으면 돈을 쓰고 싶은 유혹을 덜 느끼게 돼요.

그리고 매달 일정한 금액을 저축하세요. 한 달에 얼마를 모으고 쓸지 계산해서 용돈 중에 어느 정도를 적금할지 정하는 거예요. 아주 적은 금액이라도 좋으니 매달 저축하는 것을 목표로 해요.

마지막으로, 적금 통장에 '자동 이체'를 해 두는 게 좋아요. 자동 이

체란 정해진 날에 일정 금액이 다른 통장에 빠져나가도록 설정하는 방법이에요. 적금이 매달 착착 모이도록 자기도 모르게 돈이 적금 통장으로 들어가게 하면 돼요.

> ✓ **꼭 기억하세요!**
>
> 첫째, 저축을 먼저하고 지출은 그다음에 해요.
> 둘째, 저축을 하면 원금 손실 없이 돈을 모을 수 있어요.
> 셋째, 저축은 종잣돈을 만드는 가장 좋은 방법이에요.

좋은 빚과 나쁜 빚이 있다고요?

돈 빌리는 대출

미리 보기

'빚'이라고 하면 어떤 생각이 드나요? 위험한 것이라고 느껴질 수도 있어요. 그런데 알고 있나요? 빚이라고 다 나쁜 빚만 있는 건 아니라는 사실! 그럼 '좋은 빚'의 정체는 뭘까요? 함께 살펴봐요.

저축을 해서 돈을 열심히 모으더라도, 집값이 생각보다 비싸거나 다른 이유로 집을 못 사는 경우도 있어요. 이럴 때는 대출을 해서 부족한 금액을 채워야 해요. 여기서 대출은 돈을 빌리는 것을 말해요.

빚은 다 위험한 걸까?

여러분, 빚이라는 말을 들어 보았죠? 빌린 돈을 빚이라고 불러요. 아마 빚은 위험한 것이라고 들었을 거예요. 맞아요. 빚은 위험해요. 돈을 빌린 만큼 이자를 내야 하고 원금도 반드시 갚아야 하기 때문에, 대출을 갚지 못하면 신용불량자가 될 수 있어요.

하지만 대출에는 나쁜 빚만 있는 건 아니에요. 돈을 빌려서 투자를 하고, 투자의 이익이 생겨서 원금과 이자를 다 갚고도 돈이 남았다면 어떤가요? 그때는 대출이 나쁜 것이 아니죠. 대출은 잘 이용하기 나름이에요.

좋은 빚　　　　　　나쁜 빚

한 가지만 당부할게요. **대출은 비싼 물건을 사는 것처럼 단지 소비하기 위해서 실행하면 안 돼요.** 대출은 미래를 위해 투자하는 목적으로 받는 거예요. 예를 들어 대학등록금을 위해서 학자금 대출을 받는 것처럼, 미래의 가치를 높이기 위한 대출을 받아야 해요. 금방 없어지는 물건을 사기 위한 대출은 절대 안 돼요.

이렇듯 빚에는 좋은 빚이 있고, 나쁜 빚이 있어요. 좋은 빚은 투자를 통해서 엘리베이터처럼 재산을 빠르게 불려 주는 역할을 하고, 나쁜 빚은 지출을 통해서 재산을 바닥으로 끌어내리는 역할을 해요.

미래를 위한 투자에 쓰이는 돈

우리가 대출을 받는 이유는 미래를 위한 투자 때문이라고 했죠? 투자를 하기 위해서는 자금이 필요한데, 그 비용을 구하는 방법 중에 하나가 대출인 거예요. 대출 말고도 원래 갖고 있는 돈과 투자 받은 돈을 자금으로 쓸 수 있지요. 그렇다면 자기 돈, 빌린 돈, 투자 받은 돈의 차이점은 뭘까요? 자세히 알아볼게요.

먼저 자기 돈이란 소득으로 얻고, 아끼고, 그렇게 모은 돈을 저축해서 만든 자신의 재산입니다. 그 돈은 100퍼센트의 소유권, 100퍼센트의 사용권, 100퍼센트의 지분을 가진 돈이죠. 다른 돈보다 이 돈이 많아야, 투자할 때도 자기 주도적으로 할 수 있어요. 자기 돈은 투자의 튼튼한 밑바탕인 셈이죠.

- 지분: 소유하고 있는 몫 또는 그런 비율

다만, 투자에 드는 비용을 자기 돈만으로 만들기는 쉽지 않아요. 그래서 다른 곳에서 돈을 얻어 투자를 하는 거예요. 두 가지 방법이 있는데요. 하나는 돈을 빌리는 것이고, 다른 하나는 투자를 받는 거예요.

빌린 돈은 다른 사람에게 빌리고 원금과 이자를 갚아야 하는 돈입니다. 어려운 말로 '차용'한다고도 해요. 돈을 빌린 사람은 차용한 돈의 완전한 주인은 아니에요. 다만 돈을 사용할 수 있게 빌린 것뿐이에요. 그래서 돈을 차용하면 이자를 내야 하지요.

금리(돈의 값)가 낮으면 괜찮지만, 금리가 높을 때 돈을 빌리면 이자가 매우 높아요. 그러면 매달 이자를 갚기가 어렵습니다. **그래서 돈을 빌릴 때는 자신이 매달 이자를 낼 수 있는지 계산해 보아야 해요.** 빚은 잘 쓰면 약이고, 잘못 쓰면 독이 돼요. 반드시 갚을 수 있는 돈을 빌려야 하죠.

투자 받은 돈은 말 그대로 누군가가 투자를 해 주는 돈이에요. 투자하는 사람에게 지분이 있고, 내가 소유권과 사용권을 동시에 가지고 있는 돈이에요. 투자 받은 돈은 원금과 이자를 주는 것이 아니라, 돈의 가치를 키워서 그 커진 자산과 그에 따른 배당을 주겠다는 약속의 돈이에요.

- 배당: 경제에서, 이익의 일부를 나누는 일

사업을 할 때 자금을 얻는 방법 중 가장 좋은 것이 바로 투자를 받는 거예요. 많은 사람이 투자 받은 돈을 활용해서 사업을 하거나 새로 투자를 하고 있어요.

예를 들어 중국의 온라인 쇼핑몰 '알리바바'의 창업자 마윈이 있어요. 또한 미국의 컴퓨터를 만드는 '마이크로소프트'의 빌 게이츠도 있고요. 한국에서는 '배달의 민족'을 만든 '우아한 형제'의 정봉진 사장 등 많은 기업가가 있어요. 이 사람들은 투자 받은 돈을 잘 활용해서 사업에 성공했어요.

✓ 꼭 기억하세요!

첫째, 대출에는 좋은 빚이 있고 나쁜 빚이 있어요.

둘째, '빌린 돈'을 얻으면 원금과 이자를 주어야 해요.

셋째, '투자 받은 돈'을 얻으면 지분을 주어야 해요.

주식 투자는 정말 위험한가요?

돈 불리는 투자

미리 보기

주변의 어른들이 투자를 한다는 이야기를 들어 봤나요? 투자는 경제를 배우면서 빼놓을 수 없는 요소예요. 언뜻 위험해 보이지만, 잘 배우고 시작하면 오히려 돈을 많이 벌 수 있는 기회가 되기도 해요.

"어떤 주식이 오를 거라는데?"

"주식보다는 부동산 투자가 낫다던데…."

어른들이 하는 이야기를 많이 들었을 거예요. 투자란 뭘까요? 오늘 투자에 대해 공부하고 나면, 부모님과 어른들이 하는 말을 이해할 수 있을 거예요.

투자는 한마디로 돈을 불리는 기술을 말해요. 그중에서도, 돈으로 돈을 버는 방법이라고 단순히 생각해 볼게요. 그다음에 이야기를 들어 보세요.

투자란 한 달 후, 1년 후, 5년 후에 수익이 날 수 있는 투자 종목에 돈을 넣는 것을 의미해요. 어른들은 집값이 오르기를 바라며 아파트를 사는 부동산 투자를 하기도 하고요. 기업의 주식을 사서 나중에 이익을 얻기도 하고 손실이 나서 속상해하기도 해요. 투자는 이렇듯 미래의 가치에 돈을 넣어서 수익을 바라는 경제 활동입니다.

여러분, 부모님이 어떻게 투자하고 있는지 물어보세요. 그리고 투자가 어떻게 되어가고 있는지 이야기를 나누어 보세요. 부모님이 집안에서 모은 돈으로 투자하는 것을 '재테크'라고 해요. 재테크를 잘해야 나중에 부자가 될 수 있어요.

물론 투자는 돈을 잃는 손실이 나기도 해요. 대출까지 해서 투자를 하면 손실이 났을 때 감당하기가 어려워져요. 그렇다면, 사람들은 안전한 저축 이외에도 투자를 굳이 왜 하는 걸까요?

경제가 어려울 땐, 저축만으로는 부자가 되기가 어렵기 때문이에요. 또한 투자는 잘못하면 위험하지만 잘 공부하고 시작하면 소득을 얻을 수 있어요.

특히 안전한 가치에 장기적으로 투자하면, 나중에는 큰 자산으로 돌아와요. 위험이 낮은 투자는 수익률, 즉 이익의 정도가 당장은 오르락내리락하지만, 길게 보면 오르는 경향이 보여요. 그래서 우리는 **가치 투자를 하는 눈을 키워야 해요**. 가치 투자는 가치 있는 곳에 투자하고 기다렸다가, 시간이 흐른 뒤에 가치가 높아진 자산을 팔아서 이익을 얻는 방법이에요. 가치 투자를 할 수 있는 대상은 다양해요. 부동산, 외화, 금, 미술품 등이 있어요.

투자를 하기 위해 필요한 것

투자란 미래의 경제적 가치에 돈을 넣는 것이라고 할 수 있어요. 투자를 하기 위해서는 반드시 세 가지의 투자 능력이 필요해요.

첫째, 투자 대상을 정할 수 있는 안목이 있어야 합니다.
투자 대상은 달러, 금, 주식, 부동산, 광물 등 다양한 종목이 있어요.

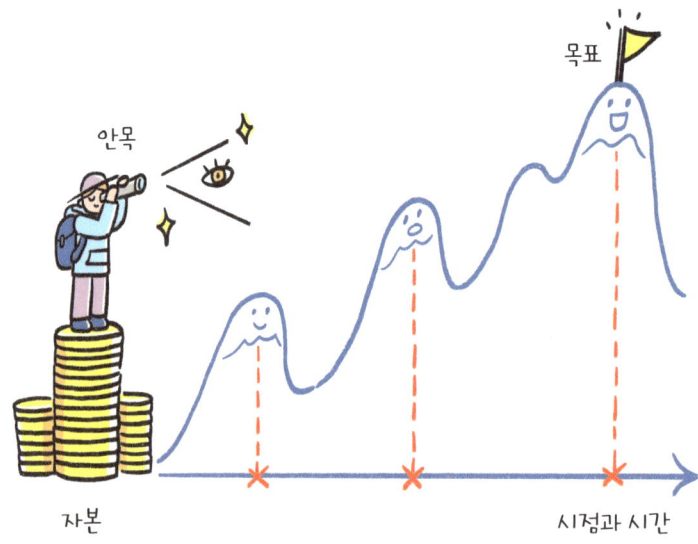

그중에서 어떤 것을 선택하는지가 매우 중요해요.

  보통은 투자하는 사람이 가장 잘 아는 분야로 선택하는 것이 좋아요. 왜냐하면 투자란 이익과 더불어 위험을 안고 있으니까요. 그래서 위험에 대한 분석이 명확해야 해요.

  예를 들면, 시험을 보는데 시험 과목을 선택할 수 있다고 가정해요. 여러분은 어떤 과목을 선택하는 것이 좋을까요? 당연히 여러분이 잘 알고 있는 과목을 선택해야 좋은 성적을 받을 수 있겠죠. 투자 종목도 마찬가지예요. 여러 종목 중에 여러분이 투자해서 성공할 확률이 높은 잘 아는 분야를 선택하는 것이 좋아요.

둘째, 투자의 시점과 시간이 맞아야 합니다.

투자에서 중요한 것은 시점과 시간이에요. 종목을 언제 사고 언제 팔아야 하는지, 그 시기를 결정하는 능력이 있어야 해요. 흔히 매수와 매도의 시기를 결정하는 능력이라고도 말합니다.

시간과 더불어 투자의 시간을 오래 가져가는 것도 중요해요.

"10년을 가질 것이 아니면, 나는 단 1주도 사지 않는다."

이 말은 투자의 달인 워런 버핏이 한 말이에요. 투자는 반드시 장기 투자를 해야 한다고 워런 버핏이 조언했어요. 장기 투자란, 한 종목에 오래 투자하는 것을 뜻해요.

장기 투자를 하려면 유혹에 넘어가지 않고 오랫동안 견딜 수 있어야 해요. 견디는 일은 쉽지 않지요. 수익이 떨어질까 봐 조바심도 나고, 혹시라도 대출을 받아서 투자했다면 이자를 매달 갚아 나가는 것이 버겁기도 하고요. 그래서 투자는 시간을 견디는 능력이 있어야 한다고 말합니다.

셋째, 투자 자금이 충분해야 합니다.

투자금은 일종의 게임 참가비로 볼 수 있어요. 게임 참가비가 많을수록 투자에 성공할 확률이 높은데요. 부루마블 게임을 하면 알 수 있어요.

부루마블 게임은 전반전과 후반전으로 나뉘는데, 전반전은 주사위를 던져 게임판을 돌며 각 땅에 건물을 올리고, 후반전부터는 다른 사람이 내 땅을 지나갈 때 임대료를 받으면서 본격적인 게임이 시작돼요.

게임의 목표는 자기 땅에서 걷히는 임대료 수입을 통해 수익을 얻어 파산하지 않고 끝까지 버티는 거예요. 그렇게 최후의 한 명이 승자가 되지요.

이 게임에서 초기에 자금을 많이 가지고 있으면, 파산할 위험이 남들보다 낮기 때문에 게임의 승자가 될 가능성이 높아요. 실제 투자에서도 마찬가지로 자금이 커야 투자에서 성공 확률이 높아요.

자금을 늘리는 방법은 다른 사람에게 투자 받은 돈과 자기 돈을 합해서, 투자 자금의 규모를 키우는 거예요. 이렇게 자금을 키우면 투자에서 성공할 수 있어요.

✓ 꼭 기억하세요!

첫째, 투자를 할 때는 미래의 가치가 상승할 투자 종목을 잘 선택해야 합니다.

둘째, 투자할 시점을 예측하고, 장기 투자해야 합니다.

셋째, 투자는 자금이 많아야 유리합니다.

3장
경제를 왜 알아야 할까요?

경제는 정말 어려울까요?

'경제' 하면 무엇이 떠오르나요? '어렵다', '딱딱하다', '복잡하다' 등 다양한 생각이 들 수 있어요. 경제는 눈앞의 물건처럼 보이는 것이 아니니까요.

하지만 경제의 실체를 들여다보면 어렵지 않아요. 경제가 무엇인지 그리고 경제를 공부해야 하는 이유를 정확히 알면, 어려워 보였던 경제가 쉬워질 거예요.

우리는 지금까지 돈이 무엇인지 배우고, 부자 되는 습관을 알아봤어요. 이제 마지막으로 경제 공부까지 마치면 개념과 실전 지식을 다 갖추고, 똑똑한 부자가 될 준비가 끝나요.

경제는 왠지 어려워 보여요

경제의 의미

미리 보기

'경제'라는 말을 들었을 때 어렵고 딱딱한 느낌이 들었다면 이번 이야기를 주목해 보세요. 힌트는 나무와 숲이에요. 두 가지를 기억하면 경제가 하나도 어렵지 않다고 느껴질 거예요.

자, 상상력을 발휘할 시간이에요. 커다란 산의 모습을 떠올려 보세요. 산에는 나무들이 있죠. 그리고 그 나무가 많이 모여 있는 곳을 숲이라고 해요. 나무와 숲을 떠올리면 경제라는 보이지 않는 개념도 쉽게 이해할 수 있어요.

다음 문장을 읽으며 같이 상상해 볼까요?

'우리 집의 살림은 나무다. 우리 부모님이 다니는 기업의 살림도 나무다. 여러 집의 살림과 여러 기업의 나무들이 한곳에 모인다. 이것은 살림의 숲이다.'

집의 살림, 기업의 살림이 모이면 무엇이 될까요? 맞아요. 나라의 살림이 돼요. 경제는 나라의 살림처럼 경제 주체들이 모여 있는 것을 말해요. 1장에서 경제 주체라는 말을 배웠을 거예요. 경제 활동을 하는 개인 혹은 집단 경제 주체이지요. 경제 주체가 모인 숲을 다른 말로 '국가 경제'라고 해요. 때로는 '거시 경제'라고도 하지요.

■ 거시: 대상을 전체적으로 크게 봄

경제 공부는 각각의 살림이 다 모인 경제의 숲을 배우는 거예요. 이렇게 국가라는 큰 숲 안에는 기업 나무, 가계(가정) 나무가 자라고 있어요. 국가는 그 나무들이 서로 도우면서 잘 자랄 수 있도록 땅에 기름도 주고, 큰 나무에 가려 그늘에 있는 나무가 햇빛을 받을 수 있도록 가지치기 하는 역할도 해요.

보통 국가는 세금을 걷어서 도로를 만들거나, 도움이 필요한 사람에

"거시 경제는 숲과 같아요."

게 지원금을 주는 재정 정책을 하고 있어요.

경제라는 숲이 어떻게 서로 연결되어 있는지 이해가 되었나요? 이것이 그 어렵다는 경제의 의미예요.

'경제'의 의미

다음은 '경제'라는 말의 뜻을 알아볼까요? 경제는 경세제민(經世濟民)의 줄인 말입니다. 사자성어인 경세제민은 이런 뜻을 담고 있어요.

경(經): 다스리다   세(世): 세상을

제(濟): 구하다   민(民): 백성을

경세제민 = 세상을 다스려 백성을 구하다.

해석하자면, 세상을 잘 다스려 백성을 구한다는 뜻이에요. 즉, 경제란 나라의 모든 백성을 풍요롭게 하는 일을 의미해요. 이 표현이 처음 생길 때 경제는 국가 단위의 경제를 지칭하는 말이었어요. 그러나 오늘날의 관점으로 보자면, 경제는 세계에서 경제 활동을 하는 모든 사람을 물질적으로 풍요롭게 하기 위한 활동이라고 할 수 있어요.

경제를 알아야 하는 이유

우리는 국가 경제라는 숲속에서 작은 나무로 살고 있어요. 그런데 왜 커다란 숲을 알아야 하는 걸까요?

우리는 1장에서 돈이 무엇인지 배웠어요. 2장에서는 돈을 모으는 방법을 배웠어요. 지금까지 돈의 기본과 부자가 되는 공부를 한 거예요. 즉, 경제 공부 중에서 나무에 해당하는 공부를 했어요.

이제 경제의 숲에 해당하는 거시 경제를 배워야 해요. 돈의 기본과 부자 되는 습관은 작은 경제 공부인데, 그 공부만으로는 큰 경제의 숲을 볼 수 없거든요. **거시 경제라는 큰 숲으로 보아야, 우리는 경제 전체를 이해할 수 있어요.** 큰 숲을 보지 못하면 나무가 어떻게 해야 잘 자라는지 알 수 없어요. 마찬가지로 거시 경제를 모르면 우리 생활 속의 돈과 관련된 문제가 왜 일어나는지 알기 어려워요.

복잡한 경제를 읽는 방법

경제에는 '지표'라는 것이 있어요. 사람들이 어렵게 생각하는 금리, 물가, 환율, 국내 총생산(GDP) 등이 대표적인 경제 지표예요. 우리는 이 경제 지표를 통해 경제가 어떻게 흘러가고 있는지 알 수 있어요. 쉽게 비유하면, 경제 지표는 마치 수학 공식과 같아요. 어려운 수학 문제도 공식을 알고 있으면 문제를 쉽게 풀 수 있거든요. **경제 지표도 경제 현상을 수학 공식처럼 쉽게 풀어 주는 도구입니다.**

경제 지표는 경제의 모습을 이해할 수 있도록 도와줍니다. 흔히 경제 지표는 경제의 신호등이라고 해요. 도로에서 가야 할지 혹은 멈추어야 할지, 좌회전을 할지 우회전을 할지 알려주는 역할을 하지요. **경제 지표를 알면 경제 활동을 어떻게 할지 방향을 정할 수 있어요.** 우리가 도로에서 신호 체계를 모르고 걷다 보면 사고가 나게 되지요. 마찬가지로 경제 지표를 모르고 가다가는 경제적으로 어려움을 겪을 수 있어요. 이것이 경제 지표를 알아야 하는 이유입니다.

자, 그럼 많은 경제 지표를 다 알아야 할까요? 아니에요. 딱 몇 가지만 제대로 알면 경제를 보는 눈이 활짝 열릴 거예요. 다음 글부터는 꼭 알아야 하는 경제 지표를 하나씩 알아볼게요!

✓ **꼭 기억하세요!**

첫째, 경제는 경제 주체(가계, 기업, 국가)가 모인 숲이에요.
둘째, 거시 경제를 알아야 우리 생활 속 돈의 문제도 이해할 수 있어요.
셋째, 경제 지표는 경제를 읽는 데 도움을 주는 도구예요.

물가가 오르면 생활이 왜 힘들어져요?

물가

미리 보기

뉴스에 자주 등장하는 장면이 있어요. "필요한 물건을 몇 개 샀을 뿐인데 물가가 너무 올라서 10만 원을 훌쩍 넘겼다"와 같은 인터뷰 말이에요. 물가가 오르면 생활이 왜 힘들어질까요? 지금부터 물가에 대해 알아봐요.

"물가가 너무 올라서 걱정이다"라는 말을 들어 봤나요? 아니면 '쌀값이 올랐다', '학원비가 올랐다' 등의 이야기는 많이 들었을 거예요. 그런데 물가가 오른다고 하면 무슨 뜻인지 잘 모를 수도 있어요.

물가는 물건의 값을 말해요. 우리 집에서 사용하는 물건들의 값이지요. **즉, 물건 한 개가 아니라 여러 물건의 가격의 평균값이 바로 물가입니다.**

물가가 중요한 이유

물가는 우리 생활에 직접적인 영향을 미쳐요. 예를 들어 설명할게요. 불고기피자가 오늘은 2만 원인데, 내일은 2만 2,000원이라면 어떨까요? 우리가 가진 돈은 하루 사이에 2만 2,000원으로 커지지 않기 때문에 피자를 살 수 없죠. 물가가 오르면 여러분의 주머니에 있는 돈의 사용 가치가 떨어져요.

- 사용 가치: 사용할 수 있는 쓸모

물가를 알아야만 우리가 가진 돈의 사용 가치를 알 수 있어요. 물가를 한마디로 정리하면 물건의 값이라고 했죠? 즉, 물가는 시장의 여러 상품이나 서비스의 값을 알 수 있게 해 주는 경제 지표입니다. 모든 상품을 모아서 그 값의 중간값이 얼마인가를 나타내는 개념이죠.

아직 어렵게 느껴지나요? 실물을 놓고 생각하면 조금은 이해가 쉬워져요. 마트에 갔다고 상상해 볼게요. 배추랑 무가 보이는군요. 그런데 작년에 비해 배추는 비싸졌고, 무는 저렴해졌어요. 이 오른 값과 내린 값의 중간을 계산해 물가가 얼마나 오르고 내렸는지 알 수 있는 것이죠.

소비자 물가 지수란 뭘까?

물가 중에서도 우리와 밀접한 것을 '소비자 물가 지수'라고 불러요. 소비자 물가 지수를 알기 위해 생필품이라고 불리는 배추, 무, 콩나물, 두부, 달걀 등 481개 품목을 조사해서 물건값들의 평균을 계산합니다. 이 물건값이 지난달, 전년의 같은 달과 비교해서 얼마나 올랐는지 나타내는 지수가 소비자 물가 지수입니다.

3장 경제를 왜 알아야 할까요?

그렇다면 소비자 물가 지수를 왜 알아야 할까요? 바로 물가가 오르고 내리는 현상이 생활 경제에 영향을 미치기 때문입니다. 부모님이 마트에서 장을 보고 오면 자주 하시는 말이 있죠.
"왜 이렇게 물가가 올랐지? 장보기가 겁나네."

부모님이 살림을 걱정하는 이유는 월급은 잘 오르지 않는데, 물건의 값이 올라서 돈의 가치가 점점 떨어지기 때문이죠. 물가가 오르는 '인플레이션'이 심하게 일어나면, 한국은행이 나서서 물가를 내리기 위한 정책을 시행해요.
물가가 중요한 이유가 여기 있어요. 바로 우리가 가지고 있는 돈의 가치를 결정하기 때문이에요. 물가가 올라서 작년에 1,000원에 살 수 있는 노트를 올해 1,500원 주고 사야 한다면, 부모님은 작년보다 500원을 더 벌어야 합니다. 그런데 부모님의 월급 인상률이 물가가 오르는 것보다 낮으면 힘들어지겠죠.

기본적으로 물가가 무엇인지 알아야 뒤에서 살펴볼 금리도 이해할 수 있고, 부모님이 일을 해서 버는 소득인 임금도 제대로 알 수 있게 됩니다.

✓ 꼭 기억하세요!

첫째, 물가는 물건들의 가격의 평균값이에요.

둘째, 물가가 오르는 인플레이션이 일어나면 돈의 가치가 떨어져요.

셋째, 부모님의 월급은 그대로인데 물가만 오르면 집안 경제가 어려워져요.

경기가 좋아졌는지 어떻게 알 수 있나요?

경제 성장률

미리 보기

우리의 키가 자라듯 경제도 점점 성장해야 해요. 경제가 성장하면 우리 국민의 소득이 함께 늘어나거든요. 그렇다면 경제가 성장한다는 것이 구체적으로 뭘까요? 어떻게 하면 경제가 성장할 수 있을까요?

경제는 숲이라고 했지요. 이 숲이 커진다면 어떻게 될까요? 나무도 많아지고 더 울창한 숲이 될 거예요. 경제의 규모가 커지면 이렇듯 더 커다란 경제 숲을 만들 수 있어요.

이를 두고 '**경제 성장률이 높아진다**'고 해요. 숲이 커지려면 나무가 많아지거나, 나무를 심은 면적이 커져야 하죠. 마찬가지로 경제 성장률이 높아지려면 숲의 나무에 해당하는 가정의 살림과 기업의 경영이 성장해야 해요.

경제 성장률은 경제의 중요한 척도

경제 성장률에 대해 자세히 알아볼게요. 경제 성장률이란 일정 기간에 한 나라의 경제 규모, 즉 국민 소득의 규모가 얼마나 커졌는지 파악하는 지표를 말해요. 즉, 나라의 경제가 일정한 기간에 얼마나 성장했는지 숫자로 나타내는 거죠.

경제 성장률은 한 나라가 이룬 경제 성과를 측정하는 중요한 척도가 돼요. 경제 성장률을 통해 그 나라의 경제가 작년과 비교해서 얼마나 성장했는지 알 수 있어요.

경제 성장률을 어떻게 알 수 있을까?

'그런데 경제 성장률을 어떻게 구하지?' 이렇게 생각한 친구도 있죠? 우리가 키를 재듯이, 경제도 한 해에 얼마나 성장했는지 측정할 수 있는 방법이 있어요. 경제는 눈으로 확인할 수 없는데 어떻게 성장한 정도를 알 수 있을까요? 지금부터 경제가 성장한다는 것이 어떤 의미인지 살펴보도록 할게요.

■ 생산 활동: 이윤을 만들기 위해 상품 등을 만들어내는 행위

경제 성장률은 '국내 총생산'을 통해 알 수 있어요. 영어로 'GDP'라고도 하지요. 국내 총생산이란 **우리나라 국경 내에서 이루어진 생산 활동**을 말해요. 우리나라는 물론 전 세계 대부분의 국가의 생활 수준이나 경제 성장률을 분석할 때 사용되는 지표이지요.

뉴스에서는 "올해 경제 성장률은 3%로 예상됩니다"와 같이 말해요. 이 말은 작년보다 경제가 3퍼센트 성장한다는 의미예요.

예를 들어, 키가 작년에는 150센티미터였는데 10센티미터 자라서 올해 160센티미터가 되었으면 키 성장률은 6.67퍼센트라고 할 수 있어요.

$$\frac{올해 키 - 작년 키}{작년 키} \times 100 = 키 성장률(\%)$$

키 성장률처럼 경제 성장률도 작년과 비교해서 얼마나 성장했는지 나타낼 수 있어요. 이때 필요한 수치가 국내 총생산이에요. 작년과 올해의 국내 총생산을 구해서 그 차이를 알면, 경제 성장률을 알 수 있어

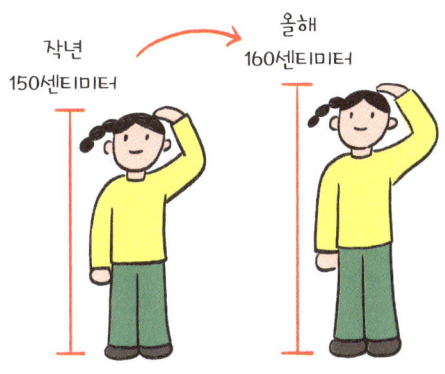

"키 성장률 6.67퍼센트!
경제 성장률은 얼마나 올랐을까?"

요. 다시 말해, 우리나라 안에서 일어난 생산 활동이 작년보다 늘어나면 경제가 성장했다고 보는 거예요.

경제 성장률이 중요한 이유

여기서 또 중요한 점이 있어요. 여러분의 키가 무럭무럭 커야 하듯 경제도 반드시 무럭무럭 성장해야 한다는 거예요. **왜냐하면 국내 총생산은 소득과도 관련이 있거든요. 경제가 성장하지 않으면 국민의 소득도 오르지 않는 거죠.**

뉴스를 보니, 2022년에는 우리나라 경제 성장률이 3.3퍼센트로 전망된다고 해요. 이 말은 2021년보다 경제가 3.3퍼센트 성장한다는 의미이고, 여러분의 가정에서 부모님의 소득이 평균적으로 3.3퍼센트 오른다는 뜻이에요.

이렇게 경제 성장률이 무엇인지 알고 있어야 경제의 큰 흐름을 이해할 수 있어요. 우리나라 경제가 키처럼 쑥쑥 성장해야 하는 이유를 이제 알겠죠? 경제가 성장해야 우리 집의 살림살이도 작년보다 나아집니다.

✔ 꼭 기억하세요!

첫째, 경제 성장률은 국내 총생산(GDP)을 통해 알 수 있어요.

둘째, 경제 성장률은 한 나라의 경제가 얼마나 성장했는지 보는 지표입니다.

셋째, 경제가 작년보다 성장해야 올해의 평균 소득도 높아집니다.

경기가 안 좋을 때 거는 마법이 있대요

거시 경제 속 금리

미리 보기

금리는 중요하기 때문에 거시 경제 관점에서도 알고 있어야 해요. 금리는 돈의 속성과 깊게 관련되어 있어서, 금리를 이해하면 가장 좋은 경제 공부가 될 거예요.

우리는 1장에서 금리에 대해 배운 적이 있어요. 금리를 한마디로 하면 돈의 값이라고 했지요. 우리 생활에서 금리는 보통 '이자율'로 표현해요. "적금을 넣었더니 이자를 얼마 주더라"라고 할 때, 이자를 주는 정도가 이자율이죠. 금리는 일상생활에서 이자와 거의 같은 의미로 사용되고 있어요. **그래서 '금리가 높다'고 할 때는 이자율이 높다고 이해하면 돼요.**

오르락내리락 금리의 비밀

금리는 우리 경제에 많은 영향을 주고 있어요. 금리가 올라가는가, 내려가는가에 따라서 이를 좋아하는 사람이 있고 또 싫어하는 사람이 생겨요.

그렇다면 금리가 내려갈 때 좋아하는 사람은 누구일까요? 은행에 돈을 예금한 금액이 많은 사람은 예금의 이자가 낮아져서 싫을 거예요. 반대로 은행에서 돈을 빌리는 사람은 대출 이자를 덜 내도 돼서 좋아하겠죠.

금리가 낮으면 사람들은 은행의 대출 이자가 적어지니 돈을 마음 편히 빌리려고 할 겁니다. 또한 은행에 돈을 예금했던 사람들도 예금 이자가 적으니, 은행에 예금했던 돈을 인출해서 다른 데 투자하지요. 가계와 기업에서 은행에 있던 돈을 빼내 시중으로 끌어갈 겁니다.

- 시중: 상품들이 거래되는 시장

그러면 은행이 아닌 시중에 돈이 많아집니다. 돈을 쓰고 버는 일, 즉 경제 활동이 늘어나지요. **그래서 경기가 안 좋을 때마다 나라에서는 금리를 낮추는 정책을 펼치곤 한답니다.**

금리가 내려갈 때 일어나는 일

이번에는 금리가 오르는 경우입니다. 은행에 돈을 예금한 사람은 예금의 이자율이 올라서 좋아합니다. 반면에 은행에서 돈을 빌린 사람은 내야 하는 대출 이자가 많아져서 싫어합니다. 대출 이자율이 더 높아지기 전에 기업과 가계는 빌렸던 돈을 빨리 갚지요.

한편 사람들은 이자를 많이 받을 수 있으니 가지고 있는 돈도 은행에 넣어 둡니다. **경기가 좋아지면 중앙은행에서 낮춰 둔 금리를 다시 올리고, 시중에 넘쳐나던 돈이 은행으로 돌아갑니다.**

금리의 마법사, 중앙은행의 통화 정책

물론 금리 이외에도 소비와 투자 등이 통화량에 영향을 미칩니다. 그래서 통화량을 조정하는 통화 정책을 사용하고 있지요.

- 통화량: 나라 안에서 실제로 쓰고 있는 돈의 양

통화 정책은 중앙은행이 담당하고 있어요. 앞에서 말한 것처럼 통화량이 너무 많아지면 중앙은행이 기준 금리를 올려서 시중에 있는 돈의 양을 줄이고, 반대로 통화량이 너무 적으면 기준 금리를 내려서 시중에 돈을 풀어 경기가 나빠지지 않도록 해요.

기준 금리의 조정은 중앙은행의 가장 중요한 일입니다. 중앙은행은 기준 금리를 상황에 맞게 바꾸면서 경제의 흐름을 관리하고 있어요. 이 정책으로 물가를 안정적으로 만들 수 있지요.

하나 더! 기준 금리를 조정하는 통화 정책 이외에 채권을 이용한 통화 정책을 시행하기도 해요. 채권을 기업과 국민에게 사고팔면서 시중의 통화량을 조절하는 거예요.

- 채권: 정부나 기업이 필요한 자금을 모으기 위해 판매하는 증권

물건의 값인 물가가 변하듯이, 돈의 값인 금리도 통화량, 그리고 중

앙은행의 통화 정책에 의해서 변해요. 반대로 금리를 조정해서 통화량을 조절할 수도 있고요. 이것이 거시 경제에서 금리가 하는 일입니다. 금리의 흐름을 잘 파악하면 경제가 어떻게 흘러가는지 알 수 있어요.

✔ **꼭 기억하세요!**

첫째, 금리는 돈의 값입니다.
둘째, 금리는 시중의 통화량에 영향을 받습니다.
셋째, 중앙은행은 통화 정책을 통해 기준 금리를 조정합니다.

환율이 낮으면 무조건 좋은 게 아닌가요?

환율

미리 보기

누군가 이렇게 말했어요. "지금은 환율이 낮아서 해외여행 가기 좋을 때야." 환율과 해외여행은 무슨 상관일까요? 환율이 낮으면 무조건 좋은 걸까요? 헷갈리는 환율에 대해 알아봐요.

해외에 여행 갈 때 꼭 필요한 것이 있어요. 바로 그 나라의 돈을 미리 준비하는 거예요. 은행에서 우리나라의 돈을 다른 나라의 돈으로 바꿔야 하지요. 미국 여행을 가고 싶다면 미국 달러를 준비해야 해요. 1달러를 갖고 싶으면, 우리나라 돈 1,200원 정도가 필요합니다.

돈을 바꿀 때의 기준은 **'환율'**이 됩니다. 환율이란 **우리나라 돈과 다른 나라 돈의 교환 비율**을 의미해요. 여러 나라의 돈이 오가는 외국환 시장에서 교환 비율이 결정되지요.

환율은 외국환 시장에서 전 세계의 돈이 얼마나 오고 가는지에 따라 정해져요. 지금은 미국 달러가 반장처럼 그 기준 역할을 하고 있어요. 이렇듯 **세계의 기준이 되는 돈을 '기축 통화'라고 부른답니다.**

환율이 오르면 어떤 일이 일어날까?

우리나라 원화와 미국 달러화의 교환 비율은 오르기도 하고 내리기도 해요. 이 환율의 변화가 우리나라 경제에 영향을 미칩니다. **물건을 수출하고 수입할 때 환율이 영향을 줄 수밖에 없기 때문이에요.**

그럼 환율이 수출과 수입에 어떤 영향을 미치는지 알아볼세요. 연필을 주로 외국에 수출하는 어느 기업이 있었어요. 이 기업은 연필 1자루를 1달러에 수출하기로 외국 회사와 계약했습니다.

지난달에는 환율이 1달러당 1,200원이었어요. 그래서 연필 1자루에 1,200원을 받을 수 있었어요. 그런데 이번 달에는 환율이 갑자기 1달러당 1,500원으로 올랐어요. 그랬더니 똑같은 1달러를 받아도 우리나라 돈으로 바꿨더니 1,500원이 되었어요. 결국 수출하는 기업은 연필 가격을 올리지 않아도 환율이 올라가면 매출이 올라가요.

연필 1자루 = 1달러

환율 1달러 1,200원 → 매출 1,200원

환율 1달러 1,500원 → 매출 1,500원

한편 석유를 수입하는 어느 기업이 있었어요. 석유 1리터를 사는 데 1달러라고 가정해 볼게요. 같은 1리터를 수입해도 우리나라 돈으로 지난달에는 1,200원, 이번 달에는 1,500원을 내야 해요.

"왜 예전보다 돈이 많이 들죠?"

"환율이 올랐거든요!"

즉, 환율이 오르면 수입하는 회사는 들이는 비용이 그만큼 더 커져요. 많은 비용으로 수입해 온 물건을 우리가 살 때는 그만큼 가격이 올라가지요. **결국 환율이 오르면 수출에는 이롭지만 수입에는 악영향을 미치게 돼요.**

환율이 내려가면 어떤 일이 일어날까?

환율이 내려가면 반대의 상황이 일어나요. 이번에는 환율이 1달러당 1,200원에서 1,000원으로 떨어졌다고 가정해요. 연필을 수출하는 기업은 환율이 떨어지기 전, 1달러를 벌어 우리나라 돈으로 바꾸니 1,200원을 받았어요. 그런데 환율이 떨어지고 나서 1달러를 우리나라 돈으로 바꿨더니 1,000원밖에 받지 못했어요.

한편 석유를 수입하는 기업은 환율이 떨어지기 전 1,200원으로 석유 1리터를 사왔는데, 환율이 떨어지니 같은 양의 석유를 단 1,000원으로 살 수 있었어요. **즉, 환율이 내려가면 수입에는 이롭지만, 수출에는 불리해요.** 마찬가지로 해외여행을 할 때도 환율이 낮으면 외국 물건(서비스)을 한국 돈으로 더 저렴하게 살 수 있어서 이롭겠죠.

환율이 올라가면 수출하는 회사의 매출이 늘어나고, 환율이 떨어지면 수입하는 회사의 이익이 올라갑니다. 환율은 이처럼 수출과 수입에 영향을 미쳐서 경제에 영향을 줘요. 우리나라는 수출과 수입을 많이 하는 나라예요. 반도체와 자동차를 수출하고, 석유와 광물, 곡물 등 원재료를 많이 수입하고 있지요.

환율이 오르면 수입한 원재료와 그것으로 만든 상품의 값이 올라가서 물가가 오르고, 그 물건을 사는 가계가 어려움을 겪게 됩니다. 반대로 환율이 떨어지면 수입하는 기업과 가계는 좋지만 수출하는 기업은 매출이 줄어들지요. 이렇듯 환율은 기업과 가계, 그리고 국가 경제에 영향을 크게 줘요. **우리나라처럼 수출을 많이 해서 경제 성장을 이루는 나라는 특히 환율의 영향을 많이 받는답니다.**

✓ 꼭 기억하세요!

첫째, 환율은 우리나라 돈과 다른 나라 돈의 교환 비율을 말해요.
둘째, 환율은 미국의 달러가 기준이에요(기축 통화).
셋째, 환율은 우리나라 경제에 영향을 미쳐요. 예를 들어, 환율이 오르면 수출하는 기업에 이익을 주지만 수입하는 기업에는 불리합니다.

월급은 얼마나 올라야 좋을까요?

임금 인상률

미리 보기

'연봉 인상'이라는 말을 들어 봤을 거예요. 일을 하고 받는 임금을 올린다는 이야기지요. 그런데 월급은 얼마나 올라야 할까요? 많이 오를수록 좋겠지만, 조금 오르더라도 최소한 어느 정도 이상은 꼭 올라야 해요. 왜 그럴까요? 지금부터 함께 알아봐요.

집안의 경제와 관련된 거시 경제 지표도 있어요. 바로 임금이에요. 임금이란 우리 부모님이 직장에서 벌어들이는 돈을 이야기하죠.

임금은 얼마나 올라야 할까?

임금은 우리 집의 경제에 중요한 역할을 해요. 집에서 먹고사는 데 들어가는 돈이 바로 임금을 통해 들어온 돈이기 때문이에요. 돈 나갈 일은 점점 많아지고, 매년 사용하는 물건들의 가격은 올라요. 그래서 어른들이 월급만 빼고 나머지 가격은 다 오른다고 하는 거예요.

집안의 경제가 나빠지지 않으려면, 물가가 오르는 것에 맞춰 여러분 부모님이 받는 월급이 매년 올라가야만 해요. 이것을 일컬어 '**임금 인상**'이라고 합니다. 이때 우리 부모님뿐만 아니라 다른 사람들도 임금이 인상되겠죠.

이처럼 우리나라 국민의 임금이 인상되는 정도를 가리키는 지표를 '**임금 인상률**'이라고 해요. 임금 인상률은 임금이 작년 대비 몇 퍼센트 올랐는지 나타냅니다.

그런데 임금은 얼마나 올라야 적당한 걸까요? 보통 소비자 물가는 2퍼센트 정도 올라요. 그렇다는 건 부모님의 임금이 작년보다 2퍼센트 이상 오르지 않으면, 물가가 올랐기 때문에 소비를 줄여야 한다는 뜻이에요.

그래서 보통 임금 인상은 물가 상승보다 높아야 해요. 물가에 비해 임금이 높아져야 우리 집은 작년만큼의 경제 활동을 할 수 있는 거예

요. 경제 지표 중에서 물가 지표, 금리 지표, 경제 성장률 지표와 함께 임금 인상률도 매우 중요해요.

임금은 그냥 오르지 않는다

임금 인상률과 함께 집안 경제에 중요한 지표가 하나 더 있어요. 바로 '**고용률**'이에요. 고용률이란 취업 인구 비율이라고도 불리는데, **일을 할 수 있는 사람 중에 실제로 고용이 된 비율**을 나타내는 지표를 말해요. 우리나라에서의 고용률은 15세 이상 인구 중 취업자의 비율을 뜻해요.

고용률(%) = (취업자 수 ÷ 15세 이상 인구) × 100

    고용률이 높아야 일하고 싶은 사람들이 일자리를 가질 수 있어요. 직장을 다녀야 임금을 받을 수 있고, 그래야 근로자들의 전반적인 소득이 높아집니다.

    이렇듯 고용률은 취업자 수가 얼마나 많은가를 나타내고, 임금 인상률은 임금이 얼마나 올랐는지를 알려주는 지표예요. 임금 인상률과 고용률은 우리의 생활에 직접적으로 영향을 미치는 지표입니다.

✔ 꼭 기억하세요!

첫째, 임금 인상률은 전년 대비 임금이 얼마나 상승했는지 나타내는 지표입니다.
둘째, 임금은 물가 상승 폭보다 높게 올라야 합니다.
셋째, 고용률은 일자리를 가진 사람의 비율입니다.

은행들의 은행, 중앙은행은 뭘 하나요?

중앙은행의 일

미리 보기

은행들의 회장, 중앙은행에 대해 자세히 알아봐요. 중앙은행은 나라에서 결정한 커다란 정책을 수행하는 은행이에요. 불황이 오지 않도록 다양한 방법으로 경제의 흐름을 조정하고 있지요.

1장에서 중앙은행은 은행들의 회장이라고 배웠어요. 우리나라 중앙은행의 이름은 뭐였죠? 맞아요. 바로 한국은행입니다. 그렇다면 미국의 중앙은행 이름은 뭘까요? 바로 연방준비제도(FED)입니다. 이렇듯 나라마다 중앙은행이 있어요. 그럼 중앙은행은 어떤 일을 하는 걸까요? 중앙은행의 역할은 매우 중요해요. 특히 거시 경제 관점에서 매우 중요한 일들을 하고 있어요.

==우선, 중앙은행은 한 나라의 통화 정책을 수행하고 있어요.== 일반 은행이 개인과 기업을 상대한다면, 중앙은행은 나라의 정책을 다루고 있어요. 앞에서 배운 '금리'를 기억하나요? 금리를 다루면서 이야기했지만, 중앙은행은 기준 금리를 통해 시중의 통화량을 조절해요. 금리를 조정하는 일은 중앙은행이 하는 역할 중에서 가장 중요해요.

기준 금리를 이용한 통화 정책

중앙은행은 기준 금리를 올리거나, 반대로 내려서 시중의 통화량을 조절해요. 중앙은행의 기준 금리는 마치 댐의 수문과 비슷한 역할을 해요.

만약 한강 하류에 가뭄이 생기면, 댐의 수문을 열어서 물을 하류로 흘려보냅니다. ==중앙은행도 시중에 돈이 없어서 경기가 위축되려고 하면 기준 금리를 내려 돈을 시중으로 흘려보내요.== 시중에 돈이 마르면 경기가 위축되거든요. 시중에 돈이 많아진다는 것은 경제 활동이 늘어나는 것을 의미해요. 그렇게 경기가 점점 활성화됩니다. 이는 마치 댐의 수문을 열어서 가뭄을 해소하는 방법과 비슷해요.

"시중에 돌아다니는 돈의 양을 적당히 맞춰야 해!"

 반대로, 시중에 돈이 너무 많으면 돈의 가치가 떨어져요. 한정판으로 나온 상품은 구하기 힘들어서 그 가치가 귀해지지요. 하지만 어디서든 살 수 있는 상품의 가치는 비교적 귀하게 여겨지지 않아요. **이처럼 시중에 돈이 많으면 돈의 가치가 떨어지게 돼요.** 돈의 가치가 떨어졌다는 것은 같은 물건을 사도 예전보다 돈을 더 줘야 한다는 것이죠. 즉, 돈의 가치가 떨어지면 물가(물건의 값)가 오를 수 있어요.
 물가가 급격히 오르면, 중앙은행은 기준 금리를 올려서 시중에 있는 돈이 은행에 들어오도록 해요. 금리가 오르면 은행에서 예금 이자를 많이 받을 수 있어서 돈이 은행에 모이거든요. 그럼 시중에 돈이 줄어

서 돈의 가치가 오르겠죠. 이렇게 중앙은행은 기준 금리를 조정해서 통화량을 조절하고, 경기의 흐름까지 움직이고 있어요.

채권을 이용한 통화 정책

정부는 돈을 빌리기 위해서 채권을 발행해요. 중앙은행은 채권을 받고 돈을 정부에 빌려줍니다. 정부는 다양한 정책을 시행하며 그 돈을 쓰는데, 그럼 시중에 돈이 돌아다니게 됩니다. 결과적으로 채권을 발행해서 돈을 시중에 풀어 주는 거예요.

위의 이야기를 조금 어려운 말로 바꿔 볼게요. 중앙은행이 채권을 매입하면, 시중에 돈이

- 매입: 물건을 사들임
- 매각: 물건을 팔아 버림

풀리게 됩니다. 반대로 중앙은행이 보관하고 있던 채권을 매각해서 돈을 회수하면, 시중의 돈은 줄어들게 됩니다. 이렇듯 중앙은행은 채권을 매입하거나 매각하는 방식으로 통화량을 조절하는 통화 정책을 시행합니다.

조금 어려운 용어로 '**양적 완화**'와 '**테이퍼링**'이 있어요. 양적 완화는 앞에서 말했듯 중앙은행이 국채를 매입해서 통화를 시중에 직접 공급하여 경기를 활성화하는 통화 정책을 말해요. 양적 완화로 시중에 돈을 풀어서 경기가 살아나면, 그때는 시중의 돈을 원래대로 줄여야겠죠? 그때 채권 매입을 줄이는 것이 테이퍼링이에요. 즉, 테이퍼링은 양적

완화를 점차 축소하는 정책이에요.

팬데믹 시기에 일어났던 통화 정책

2020년 코로나19 바이러스가 전 세계를 덮쳐 팬데믹이 일어났어요. 수많은 나라의 중앙은행은 침체된 경기를 살리기 위해서 두 가지의 정책을 동시에 시행했어요.

첫째, 기준 금리를 내렸고요. 둘째, 양적 완화 정책을 실시했어요. 그런데 2022년 들어서 점차 경기가 회복되고, 시중에 너무 많은 돈이 풀려서 테이퍼링을 시작했죠. 즉, 채권 매입을 점점 줄였어요. 그렇게 양적 완화 정책을 끝내고, 2022년부터 기준 금리를 인상해서 시중에 풀린 돈을 거두어들였어요. 이렇듯 중앙은행은 거시 경제에 미치는 영향이 큽니다.

그 외에도 중앙은행은 다양한 일을 해요. 나랏돈을 관리하고, 화폐를 발행하며, 다른 일반 은행들의 은행 역할을 해요. 이렇듯 중앙은행은 국가의 많은 금융 정책을 시행하고 있어요. 그래서 거시 경제에서는 중앙은행의 역할이 중요합니다.

✓ 꼭 기억하세요!

첫째, 중앙은행은 통화 정책을 시행하는 은행입니다.

둘째, 중앙은행의 통화 정책은 기준 금리를 내려서 통화량을 늘리거나, 기준 금리를 올려서 통화량을 줄이는 것을 말해요.

셋째, 중앙은행은 그 외에도 다양한 일을 하며 국가의 경제에 중요한 역할을 해요.

정부는 필요한 돈을 어떻게 구해요?
정부의 역할

미리 보기

벌써 마지막 이야기예요. 앞에서 중앙은행은 정부의 은행 역할을 한다고 배웠는데, 그렇다면 정부는 무엇을 할까요? 돈을 어디서 얻고, 또 어떻게 쓸까요? 지금부터 함께 알아봐요.

경제에서 정부란 재정 정책을 시행하는 경제 주체를 말해요. 다른 것은 다 잊어버려도 딱 하나, 정부가 재정 정책을 시행하고 있다는 사실은 절대로 잊으면 안 돼요. 그럼 여기서 재정 정책이란 무엇을 의미할까요?

국민을 위한 재정 정책

재정 정책이란 정부가 세금 등으로 돈을 마련해 사회적 인프라를 구축하고, 복지 제도를 시행해서 국민의 경제 안정화를 이루려는 방책을 뜻해요.

나라의 경제는 경제 주체인 가계, 기업, 정부가 돈을 매개로 재화와 서비스를 생산하고, 분배하고, 소비하는 과정을 반복하며 이루어져요. 이것을 '경제의 순환'이라고 해요. **경제의 순환이 원활하도록 경제 주체의 한 축인 정부가 자기의 역할을 다해야 해요.**

오늘날의 경제에서 정부의 역할은 더욱 중요해지고 있어요. 그래서 정부가 적극적으로 경제 활동에 참여하고 있지요.

재정 정책을 시행할 때의 원칙

재정 정책을 만들고 시행할 때는 세 가지 원칙이 있어요.

첫째, 돈을 쓰는 효과가 있어야 해요. 법을 집행하거나 나라를 지키는 국방 및 소방, 경찰 등 공공 서비스나 도로 정비 사업에 쓰이는 돈을 분야별로 잘 나누어야 해요. 이를 두고 '자원 배분의 효율성을 높인다'고 해요.

둘째, 국민의 세금으로 정책을 시행하기 때문에 돈을 지출할 때 공정해야 해요. 셋째, 경기의 안정을 목표로 해야 해요. 경기가 나빠져

극단적인 불황에 빠지지 않도록 정부가 시장의 경제 활동을 조정할 수 있어야 해요.

재정 정책을 시행하려면, 정부는 돈이 있어야 하겠죠? 당연히 정부도 경제 활동을 하기 위해 돈이 있어야 해요. 그렇다면 정부는 어떻게 돈을 얻을 수 있을까요?

정부가 돈을 마련하는 방법에는 두 가지가 있어요. 첫째는 가계와 기업으로부터 세금을 걷어요. 둘째는 국채를 발행해서 돈을 빌리는 방법이에요. 이렇게 마련한 돈으로 정부가 재정 정책을 시행해서 국민과

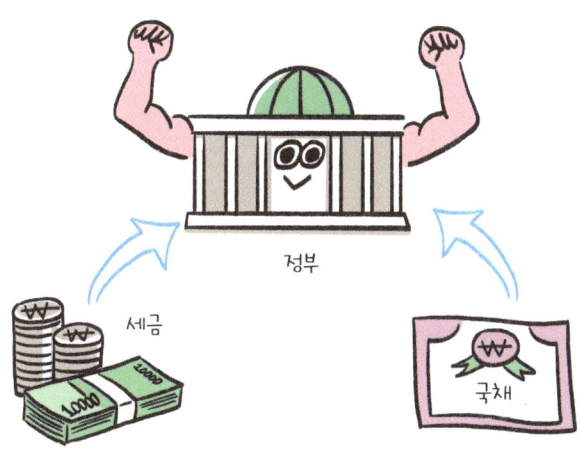

"재정 정책을 위해 필요한 돈을 모아야겠어!"

기업의 경제 활동을 원활하게 하는 역할을 할 수 있어요.

한편 오늘날의 경제는 나라 안에서만 이루어지지 않아요. 세계의 여러 국가와 국제 교역이 일어나고 있어요. 국제 교역이란 나라 사이에 수출과 수입이 일어나는 거예요. 우리나라도 자원이 부족해서 석유, 광물, 곡물 등을 수입하고, 반도체, 자동차, 가전제품, K-POP 관련 상품을 수출하고 있어요. 국제 교역에도 정부의 역할이 중요해요. 그래서 정부는 자유 무역 협정(FTA) 체결 등 원활한 국제 교역을 위해 외교에 힘쓰고 있어요. 정부는 외교 정책과 재정 정책을 같이 하기 때문에 그만큼 경제에서 중요한 역할을 해요.

✓ **꼭 기억하세요!**

첫째, 정부는 재정 정책을 시행하는 경제 주체입니다.
둘째, 정부는 세금과 채권으로 자원을 마련합니다.
셋째, 정부는 마련된 자원을 나라의 경제를 위한 공공사업에 씁니다.

비로소 우리는 돈과 경제에 대한 전반적인 지식을 갖게 되었어요. 책을 덮어도 우리가 배운 지식만큼은 잊지 않길 바랄게요.

마지막으로 이 책에서 세 가지만은 꼭 기억하세요!

첫째, 돈은 경제의 혈액이에요. 돈은 경제 주체(가계, 기업, 정부)가 필요로 하는 재화와 서비스를 충족시켜요.

둘째, 부자가 되려면 소득, 지출, 저축, 대출, 투자의 활동을 제대로 알고 있어야 해요.

셋째, 거시 경제는 우리가 살아가는 경제 생태계예요. 물가와 금리, 고용과 임금, 경제 성장을 위한 정부의 재정 정책과 중앙은행의 통화 정책을 기억해요.

> 나가는 말
> 부모님에게 드리는 글

돈 공부는 부모가 함께해야 합니다

　우리는 돈과 경제의 토대 위에서 살아갑니다. 우리가 생활하는 데 쓰이는 모든 것은 경제와 연결되어 있습니다. 세상의 물건은 자연의 산물과 경제의 산물로 구분됩니다. 그중에서 점점 자연의 산물은 사라지고, 경제의 산물이 늘어납니다.

　예를 들면 공기와 물, 그리고 음식을 통해 설명할 수 있습니다. 1만 년 이전의 수렵 채집 시기에는 음식도 자연의 산물이었습니다. 그런데 농업 혁명이 시작되면서, 인간이 경제 활동을 통해 작물과 가축을 길러 음식을 만들었습니다. 그때부터는 자연의 산물이 아니라 경제의 산물이 됩니다. 물도 예전에는 자연의 산물이었습니다. 그러나 점차 물도 경제의 산물이 되고 있습니다. 이제는 물도 마트에서 사 먹는 것이 당연해졌습니다. 미래에는 대기 오염으로 공기도 자연의 산물이 아니라 경제의 산물이 될 수도 있습니다.

이렇듯 우리가 살아가는 토대가 경제의 산물로 하나둘 바뀌면서, 경제 활동이 더욱 중요해졌습니다. 경제 활동을 통해 살아가는 데 필요한 물품을 얻는 시대가 된 겁니다. 앞으로는 더욱 돈과 경제에 대한 이해와 이를 기반으로 한 활동이 중요해집니다. 다음 세 가지를 기억해 주세요.

첫째, 돈과 경제를 공부해야 합니다.
둘째, 부자가 되겠다는 열망이 있어야 합니다.
셋째, 경제와 직접적으로 연결된 경제 활동을 해야 합니다.

저는 이 글을 쓰는 내내 이런 상상을 했습니다. 우리 아이들이 기본 경제 관념이 있었다면, 우리 아들이 열다섯 살에 경제 생활의 태도를 지녔다면, 스무 살에 그 경제 관념을 토대로 삶을 주도적으로 살았다면 어땠을까 하고요. 아마도 아이의 인생은 전혀 다른 모습으로 바뀌었을 겁니다. 이 생각을 하며 글을 쓰는 내내 아이들의 경제 관념을 바꾸는 계기를 마련하고자 최선을 다했습니다.

나가는 말

저는 2020년 9월 30일에 25년간의 직장 생활을 그만두었습니다. 그 당시엔 사회적 죽음을 맞는 느낌이었습니다. 정말 열심히 살아왔는데, 나는 왜 아직도 힘든지 되물었습니다. 그 물음을 파고들어 깊게 바닥으로 내려가 보니, 그 끝에는 바로 경제적 무지가 있었습니다. 돈과 경제를 제대로 이해하지 못하는 경제 문맹으로 살아가는 것은 이 시대에서 불행입니다. 그때부터 경제 공부를 시작하며 찾아냈던 해답은 바로 돈과 경제가 우리 삶이라는 사실입니다. 이제 우리 아이들은 경제 공부를 통해 경제 관념이 명확한 사회인으로 자라나야 합니다.

대부분의 사람은 경제 지식을 어렵게 깨닫습니다. 그래서 되도록이면 쉽게 이해될 수 있도록 글을 썼습니다. 되도록 꼭꼭 씹어서, 쉽게 받아먹을 수 있도록 경제 지식을 풀어냈습니다. 소화하기 쉬운 죽과 같은 경제 지식을 아이들에게 주고 싶었습니다. 《아빠, 어떻게 하면 부자가 돼요?》를 통해 우리 아이들이 돈과 경제의 최소한의 기본 개념을 깨닫게 되기를 바랍니다.

사실은 부모가 먼저 읽기를 당부합니다. 성인 중에서도 많은 이가 그동안 경제를 토막으로 나누어서 이해하고 생활해 왔습니다. 이번 기회에 전체적으로 경제 개념을 둘러볼 필요가 분명히 있습니다. 경제 지식은 기본부터 차곡차곡 쌓여야 합니다.

지금 저는 책을 다 읽은 아이들의 모습을 상상하는 것만으로도 즐겁습니다. 아이들의 돈과 경제 관념이 두터워진 모습이 떠오릅니다. 우리 아이들은 경제 공부를 통해 미래를 좀 더 탄탄한 경제적 토대 위에 세울 수 있길 바랍니다.

또한 책을 통해 아이들이 학교에서 미처 다 배우지 못한 생활 경제의 기본을 익히기를 바랍니다. 어두운 동굴 같은 경제 이론의 터널을 벗어나길 바랍니다. 이 책이 작은 불빛이라도 되길 소망합니다. 마지막으로 아이들에게 당부하고 싶습니다.

애들아,
지금 바로 돈 공부해야 한다.
알았지?

정선용

이미지 출처 23, 25, 30, 78쪽 ⓒ shutterstock

아빠, 어떻게 하면 부자가 돼요?

1판 1쇄 인쇄 2022년 8월 1일
1판 1쇄 발행 2022년 8월 10일

지은이 정선용

발행인 양원석 **편집장** 차선화 **책임편집** 박시솔
디자인 구혜민, 김미선 **일러스트** 금요일
영업마케팅 윤우성, 박소정, 정다은, 백승원

펴낸 곳 ㈜알에이치코리아
주소 서울시 금천구 가산디지털2로 53, 20층 (가산동, 한라시그마밸리)
편집문의 02-6443-8890   **도서문의** 02-6443-8800
홈페이지 http://rhk.co.kr
등록 2004년 1월 15일 제2-3726호

ISBN 978-89-255-7768-5 (73320)

어린이제품 안전특별법 표시 사항
제품명 도서 | **제조자명** ㈜알에이치코리아 | **제조국명** 대한민국 | **전화번호** 02)6443-8800
사용연령 8세 이상 | **주소** 서울시 금천구 가산디지털2로 53, 20층(한라시그마밸리)

※ 이 책은 ㈜알에이치코리아가 저작권자와의 계약에 따라 발행한 것이므로
  본사의 서면 허락 없이는 어떠한 형태나 수단으로도 이 책의 내용을 이용하지 못합니다.
※ 잘못된 책은 구입하신 서점에서 바꾸어 드립니다.
※ 책값은 뒤표지에 있습니다.
※ KC 마크는 이 제품이 공통안전기준에 적합하였음을 의미합니다.
△ 책 모서리가 날카로워 다칠 수 있으니 사람을 향해 던지거나 떨어뜨리지 마십시오.